Herstellung und Verlag:
Books on Demand GmbH, Norderstedt

Des Bischelsche

Des is sozusaache en Reisefiehrer vun re ganz bsonnere Art. Do geb isch därr e paar Tibbs, wie de leischder durschs Lewe kummschd! Wie de mit Quertreiwer umgehe kannschd. Wie de se zur Ressong bringschd ohne viel Geläärschs. Do kriggt so mansch ääner regelreschd Regatt! Her, der schdeht schdramm wie en Schdegge! Selbschd die schduurschde Dabbschädel, die bleedschde Kieh, Rieweniggel, Dollbohrer un Wolldowe kummen mit emme blooe Aag devun un missen zugewwe: Die Lieb isses Beschde, was emme Menschekind hot bassiere känne! Un die, wo vun vorneroi brav sinn, genießen ihr Gligg halt e bissel frieher als die onnre. Aach nit verkehrt!
In moim *Seelegaade* lernschde neie Hobbys kenne. In dämm Bischel begegenschd allem, was moi Lewe so liewenswert un froh macht. Du lernschd dursch des Bischel, wie de mit Querulande färrdisch wärre kannschd, ohne dass es Krach gewwe muss!
In moim *Seelegaade* isses aach schää bunt. Do wachsen newer Blimmelscher aach Hobbys, Bischer un lauder goldische Sache. Do lewen große un klääne brummende Teddybäre, lachende un schbielende Bobbe un Bebbscher. Bemerkenswerte Tiere un friedlische Mensche, die en liewevolle Umgang middenanner pflegen, freehn sisch am gewaldische Ausmaß vun de schääne Naddur.
Der *Seelegaade* hot sogar en Schlosspark! Un *do* middedrin, *do* hoggt de Liewe Gott uff Soim Goldne Schdiehlsche. Ach, wie schää!

Pagg awwer selwärr doin Koffer un gugg emol bei märr vorbei!

Die Audorin

Die Heidi Groh-Ott is e Pälzer Grott un wohnt am Dunnersbärg. Wo se selwärr noch e klääni Grewwerdsen war, hot se als es liebschd mit ihre Bobbe, Bebbscher un Bärscher gschbielt. Des macht se iwwrischens heit aach noch. Die klääne Schbielgfährte dowen als in ihre Bobbehaiselscher un Bobbeschdibbscher rum, dass ääm grad so 's Herz uffgehe kännt!

www.hgo-teddorius.de

Heidi Groh-Ott

Mach emol Urlaub
in moim Seelegaade

En ganz annere Reisefiehrer als des,
was es sunschd so gibt

Uff Pälzisch

Herstellung und Verlag:
Books on Demand GmbH, Norderstedt
ISBN: 978-3-8391-2856-5

Färr die Elvira.
Ääm vun dänne Schätz,
wo mehr wiege dut als wie Gold.

Un färr moin liewe Mann Klaus,
der märr Mut gemacht hat,
des Bischelsche zu schreiwe.
Du bischd ´s Liebschde,
was märr hot bassiere känne!

Mach emol Urlaub
in moim Seelegaade

In mir wohnen rischdisch schääne, kloore Sache.

Isch hab se all minanner in moin bunde Seelegaade gschdobbt. Do rieschds nooch Rose un nooch Freesjer. Un ums Kobbschdää-Blaschder, des in moin Gaade fiehrt, wachsen Debbische aus Gänseblimmelscher un Maggridde. Hunnerde vun Lawendelbisch hoggen iwweraal dezwische. *Des* rieschd vielleischd! Her, do kännschd hei wärre! An e paar Schdelle bläddschern Bäsch un ähnlische Sorrde vun foine Briehe: do gibts rischdische Seeje un Fliss! Schmedderling flien rum un machen ihr Middaachspaus in de Obbstbääm. Isch hab viel Bääm un Schdreischer mit Obbst, do kännschde disch rawunzlisch fresse! Isch hogg als gern unner moim Sunneschirm, weil in de bralle Hitz, des halt jo kää Sau aus! Im Schadde isses kiehl, kummschd ääfach emol vorbei! Kannschd aach ruhisch doi nieeschdi Flamm mitbringe. Märr finnen immer e Blätzel. Märr sinn awwer nit allää dort! Isch hab e paar liewe Froinde, wo märr als helfen, wann isch in moim Paradiesgäärdsche rumwusel. Do wachst jo immer mol e bissje Uukraut, odder es muss ebbes umgetopft wärre, odder märr wollen Ablegger verschenke. Lauder so e Gaade-Gekruuschdel halt. Awwer her, *des* sinn Froinde! Ohne *die* wär isch nur halwer. Un wammärr vun emme Rege iwwerraschd wärrn, mache märrs uns ääfach in ääm vun moine Pawilljongscher gemiedlisch un fuddern die Trauwe un Kiewies, wo uns faschd ins Maul wachsen. Des is so gemiedlisch, dass isch märr als manschmol wünsch, es soll schdunnelang schidde wie aus Kiwwel!

In moim Innerschde wohnt de Liewe Gott. Er thront im Schlosspark vun moinre Seel. Oah, was gibts do färr schääne Gäärdscher! Isch freeh misch wie en Schneekönisch, dass de Liewe Gott do wohne will! Isch weeß, dass isch emol als en liewe Gedanke vunnem gschaffe worre bin. Er schenkt märr jeden Daach es neies, frisches Blimmelsche färr moi Gäärdsche, damits mol so e rischdisch mords Ding wärre kann, wo alles blieht un dufdet. Jeden Moije biet Er märr aah, misch in Soim Hausboot hiezuhogge un misch vunnem durschs Lewe schibbre zu losse. Uff me koschdelose Loosche-Blatz! Do kann märr gar nix bassiere. Do is kään Schdurm zu groß un kää Well zu hoch! Weil Er misch liebt. Un weil isch Soi Gschöpf bin, des Er gern hot, därf isch misch selwärr *aach* liewe!

Disch hot Er iwwrischens *aach* gschaffe! Un Er leggt märr ans Herz, disch zu liewe: „Du sollschd doin Näggschde liewe wie disch selwärr!" Aller hobb, gugge märr emol. Isch schreib jetzert färr *disch* des Buch, un hab selwärr en mords Schbaß debei. Du därfschd drah teilhawwe!

Färr misch is es Schreiwe un es Weidergewwe vun moim Seelegaade-Buch so e Art Missjoniere, Verkindischung, Botschafdern, Ewangelisiere, Breddische. *Es Worrt zum Alldaach*, quasi. Awwer ganz mit *ohne* Kanzel, un ganz mit *ohne* Vun-owwe-nunner! Un voller Lieb, so rischdisch aus em Bauch raus. Also vum Herz direkt uffs Babbier. Vum uuneedische Disguddiere un Debaddiere un Dischbeddiere krigg isch nur graue Hoor, wo isch dann widder wegtriggse muss. Was färrn Akt! Dodebei wünsch isch doch jedem nur es Beschde! Awwer nooch so uuliebsame Worrtgfeschde pagg isch daachelang meischdens nur e Ladde Mackjato odder e heeßi Schokko; als Hauptmahlzeit! Nää, dann liewer schreiwe. Un e Woische gebescherrd färrs Mägelsche. Un noch ääns färr die Närve. Wie im Neie Teschdament! Die hänn *aach* gewisst, was gut is!

Schreiwe, jo. *Des* is moi Meddjeh. Voll moi Ding. Moi Schdeggepferd halt. Schunn immer gewese! Frei vun de Lewwer weg, vum Herz direkt ab uffs Babbier. Des is märr liewer wie Babble. Isch bin zwar nit uffs Maul gfalle, awwer: ´s is wie ´s is. Isch telefonier aach nit gern! Do kann isch, frisch geduschd un je nooch Gschbrääschs-Thema, schunn glei widder Schweißflegge uffs neie Ti-Schärrt krigge. Des butzt *nit* grad! Des muss doch aach heitzudaachs, wo märr so viel annre Meeglischkeide zum Kommuniziere hot, wärrklisch nimmi soi – märr kann simse, ämm-ämm-esse, iimehle un sunschd was alles, e Kärdel schigge odder en Brief. Unsern Briefkaschde hot sogar Blatz färr e Benoochrischdischungskart, färr e Bagehd odder färr e Päggsche bei de Poschd abzuhole! Langi Red, korzer Sinn: *Du bischd moin Näggschde, dänn isch liewe soll wie misch selwärr.* Aller wünsch isch därr nadierlisch aach alles, was isch märr selwärr wünsch:

Isch wünsch därr ´s Beschde!

´s bischd awwer nit du allääns! ´s gibt do *noch* so e paar vun dänne Näggschde: des sinn die um misch rum, un die am annre End vun de Welt. Un die, mit dänne wo isch wahrschoins sogar nie ebbes zu schaffe hawwe wärr. Korz un bindisch: *all!* Mensch, was färr e Uffgab! Weil, vun de Näggschde-Lieb bloß zu *babble*, is leischd. Awwer kriggs *Umsetze* mol wärrklisch hie! Isch mään: Froinde, liewe Bekannde un liewe Verwande, des is jo gar kää Thema. Die kännen im moim Seelegaade rumdabbe, wann immer se wollen. Mit dänne deel isch faschd alles. Die dürfen sogar moi Teddybärscher hinner de Plüschohre kraule un moi Bischer lese. Was issen awwer mit de Wolldowe? Oah, vunn dänne gibts so viel wie Sand am Meer! Mit dänne hänn märrs doch efter zu due wie mit de normale Leit! Es gibt Leit, dänne isch „nit grien" bin. Un umgekehrt. Quertreiwer, wo märr „de Hut hochgeht". Schduurbeidel, wo märrs „Fass iwwerlaaft". Dollbohrer, wo´s „mit de Schemmie nit schdimmt" un wo märrs schbrischwärrtlische „Messer im Sagg uffgeht". Des sinn die, dänne märr an die Grutz gehe kännt, wammärrs dirft! Besserwisser, Gfiehls-Trampel, Eige-Breedler, Rieweniggel, Dabbschädel, Dollbohrer un Dodderkebb – die kännen därrs Lewe zur Hell mache! Jetzert fahr *do* emol mit gegeseitischem Reschbekt uff! Do kannschde mache, was de willschd, do hoschde schleschde Karte. Do hoschd uff gut Deitsch die Arschkart gezooche! Un des dut *weh!* Es gibt Leit, bei dänne isch wärrklisch bloß die Arschkart gezooche hab. Die hänn gemäänt, sie missten märr zeige, wo de Has im Peffer annegeht! Dänne hab isch dann die Rot Kart zeige misse, um selwärr nit plämmplämm zu wärre! Es hot schunn Leit gewwe, wann isch *do* gemacht hädd, wie *die* wollten, dann däät isch jetzert in de Hobbla hogge. Sollen doch jedem *soins* losse! Isch vergewohlworrschdel die doch *aach* nit dodezu, dass se alles, was isch selwärr färr kloor halt, zu *ihrm* mache missen! Ei, her, wo käämden märr dann do hie? Oah, die hänn märr schunn ganz schää zugsetzt. An moim Gaade-Deerle lesen se:

Gschlossni Gsellschaft!
Maulkorbfreiji Zon!
Oitridd bloß färr Froinde!

Do können se awwer mol gugge! Selwärr schuld. Wann isch märr als vorgschdellt hab, dass isch mit so Frischtscher uff Dauer moi Freizeite verbringe missd, an ääm Disch mit ne hogge, un dass isch misch schdets un schdändisch dänne gege-iwwer zu verteidische odder zu reschdfärrdische hädd, odder dass isch sogar emol im Himmel *eewisch* mit dänne zammelewe missd – moin liewer Herr Gesangsveroin! Isch hab misch gschiddelt wie en nasse Hund. Isch bin ball nimmi vum Aabee runnerkumme. Isch hab moi Schiebää blutisch gekratzt un alles, so is märr des noochgange. Beinoh wär märr die Freehd uffs Eewische Lewe flöde gange. Awwer dann wär isch jo aach emol nit beim Liewe Gott! Un *die* grausam Vorschdellung hot misch geheilt. Un zwar ganz schnell. Bloß wege so e paar Hei-Debbe wollt isch märr doch moi Blätzel im Himmel nit abschbensdisch mache losse! Wärrklisch nit! Zuerschd hab isch gedenkt, märr kännt sisch jo do owwe ausm Weg gehe. Genuuch Blatz hädds jo! ´s misst jo im Himmel nit glei widder Krach gewwe! Do kännt jeder soi *eige* Sibbsche koche un ausleffle. Do braischde märr nit so zu due, als ob. Awwer heit bin isch gligglisch, dass märr de Liewe Gott in dänne Grawekämpf moin liewe Klaus un e Handvoll kloore Froinde uff de Weg mitgewwe hot. Un Er hot märr noch ebbes klargemacht: Im Paradies wärrd emol bloß Gudes wohne. Do kummt kää Gsoggs noi! Un jeder Mensch soll uff soim Weg dohie es Beschde aus soim Lewe mache!

Awwer märr sinn jo jetzert erschd emol noch uff de alte Erd. Märr können alle an jedem äänzelne Daach in unserm Lewe ´s Ruder rumreiße un aus tiefschdem Herze en gude Mensch soi. Des macht misch zwar dänne, wo misch eh nit leide können, nit uubedingt simmbaadischer, un die wärrn sisch mir gege-iwwer wohl aach kaum de Bobbes uffreiße. Awwer märr können uns jo färrs erschde emol gegeseidisch so akzebbdiere, wie märr sinn. Odder? Des is wärrklisch nit zuviel verlangt. ´s gibt schlimmres! Un do kummen märr widder an de schbringende Punkt: Märr sollen uns liewe! Wann isch awwer drah denk, wie die märr schunn zugsetzt hänn! Schdadd e reschbektvolles Middenanner hämmärr uns ball de Härrnschädel oigewesche! Isch krieh die Fessle, wann isch schbitzkrieh, dass isch vun vorne bis hinne un vun owwe bis unne funkzioniere soll, während die annre sisch devunschleischen un määnen, dass färr sie selwärr alles beim Alde bleiwe kann! Do krieht moin Geheergang e Mussik uff die Ohre, dass isch en Hörschdurz krigge kännt. Willschde wisse, was märr do schunn alles dursch die Lauschlabbe gerauscht is? „Isch bin halt so!" Un: „Des hawwisch schunn immer so gemacht!" Un: „Des däät isch nie annerschder mache!"

Her doch uff! Des hot doch bloß zur logische Folg, dass isch fortbleib. Na ja, isch hab jo moi Froinde. Uff die kann isch misch wännischdens freehe! Do brauch isch nit noch Foinde dezu, wo misch uffrege! Isch bin rischdisch geniegsam worre. Awwer her, muss des soi? Des macht misch rischdisch bees. Deswege kann isch viele Mensche nit leide, weil se misch zu emme Riggzuuch zwinge, der wo *dermaße* ausgeprägt *nit* soi misst. Un dann soll isch so Helde aach noch liewe wie misch selbschd! Alter, was färrn Hammer! Isch soll se alle liewe, aach wann se misch nit leide känne. Isch will doch awwer aach nit hoischle!

„Du sollschd doin Näggschde liewe wie disch selwärr!"

So un *nit* annerschder lautet de Ufftraach vum Liewe Gott an misch! Es gibt kää Ausnahme, Oischränkunge, Randbemerkunge odder Fußnote, wo Extremfäll ausschließen. „Des kann jo änner gewwe!", därf isch do ruhisch saache. Ob des gut geht? Kann des ebbes wärre? Un wo fangen isch iwwerhaupt mit de Näggschde-Lieb aah, bei *dänne,* wo sisch querschdellen? Mir fallt känn Weg oi, wie märr nit bloß die Froinde liewe kann, sondern aach die, wo, im schlimmschde Fall, zu Foinde worre sinn. Hab *die* emol mit Iwwerzoigung gern! Un ohne en Aahschbruch uff Gegelieb, wann se des nit wollen!

Gibts en Weg, *dänn* gern zu hawwe, wo märr soin Hass un soi Geringschätzung entgegeschleidert, warum aach immer?

Ach, ahjoooh!!

Oah, des *aach* noch! Isch schoin jo wärrklisch nit drumrum zu kumme. Kann isch misch nit irgendwie gschiggt devunschleische?

Ach, woher dann!! – Also do schoint jo ääh schdarkes Schdigg noochem annre zu kumme. Awwer, leggs am Ärmel: ´s gibt tatsäschlisch e Middel! Isch kännt moim Foind vergewwe un mit de Zeit so ebbes wie Lieb zu em uffbaue: isch muss es nur wolle! Isch muss moim Herz en Renner verbasse un immer drah denke, das unsern Liewe Heiland nit färr misch *allää* gschdorwe is! Jesus is färr *alle* Sinder gschdorwe! Färr disch un färr misch. Färr jeden äänzelne vun uns. Awwer wann *du* de äänzische Mensch uff de Welt wärschd, wo geredd´ wärre misst, dann wärer de gleiche Weg gange!

Färr disch, äänzisch un allää!
Du als äänzelner Mensch,
unner so viele Milljadde vun alle annre:
Du bischdem wischdisch!

11

Er wär de allerselwe Weg gange, känn annre! Er hädd nooch kääm färr sisch selwärr bequämere Weg gsucht! Des heeßt, dass ebbes Bsonnres an därr drah soi muss. Hoschde därr des schunn emol iwwerleggt? Du därfschd in de Sammlung nit fehle! Du wärrschd geliebt, mir all wärrn geliebt vun emme ganz un gar großartische Liewe Gott. Trotz unsre ganze Fehler un Schwäsche; vielleischd aach grad desweje. Es kummt beim Liewe Gott also uff de Äänzelne aah! Un zu dänne Äänzelne geheeren du un isch. Un unser Foinde! Weil märr vum Liewe Gott geliebt wärren un desweje ebbes Bsonnres soi dürfen, muss des *Bsonnre* im Vordergrund schdehe, um e Näggschde-Lieb iwwerhaupt uffbaue zu känne! Jeder is ebbes Bsonnres! *Des* muss im Vordergrund schdehe! Un nit dämm anner soi Eigenarte, wo uns uff de Wegger gehen un uns in Schwierischkeite bringe kännen, in dänne märr dann oftmols schdeggen.

Des ännert zwar nit uubedingt de Mensch, awwer doi Oischdellung im Umgang middem wärrd es bessri wärre! Doi Oischdellung ännert nit uubedingt soi Verhalte, awwer du wärrschd besser middem umgehe känne! E Schbrischworrt säschd: „Was du nit willschd, das märr därr dut, des schmier aach me annre nit um die Schnut!"

Odder so ähnlisch. Awwer, her: wie wohr des doch is! Un wie gut! Des heeßt jo aach, dass annre *dir* nix aadue sollen! Du brauchschd zum Beischbiel iwwerhaupt nit de Aff middärr mache losse!

Du muschd disch kääm uffdränge!

Brauchschd disch aach nit ausnutze, prowoziere, gfiehlsmäßisch erpresse, beleidische odder sogar in doinre Seel verletze losse. Awwer *wärrklisch* nit!!!

Du muschd disch nit dodezu vergewohlworrschdle, Sache zu mache, wo därr nit gut dun!

Du muschd aach nit määne, dass de mit Leit, wo disch krank machen, ääner uff Du un Du mache sollschd odder disch an ään Disch midden hogge. Wie furschdbar!!!

Brauchschd kää gudi Mien zum beese Schbiel uffsetze!

Un aach kää schääni heili Welt vorhoischle. Bleib ganz ääfach immer bei de Wohrredd. Frooch liewer äämol mehr als zu wännisch: „Is was?! Odder basst därr ebbes nit, häää?!" Do kannschde nämmlisch schunn im Vorfeld viel uffraame!

Brauchschd disch aach nit dezu iwwerwinde, gude Gfiehle vorzugewwe, wann se nit wärrklisch do sinn!

Brauchschd kää Heile-Heile-Friede-Froide-Eierkuche-Wischiwaschi veraahschdalte odder mitmache. Un aach kää Heiteitei. Losses!!!

Brauchschd *nix* mache, wo nit an disch geht!

Muschd därr aach nit alles gfalle losse. Haach en ruhisch änner hie, wo´s soi muss, awwer denk drah: de Ton macht die Mussik!

Du därfschd doi Gfiehle zulosse. Du därfschd disch freehe iwwer des, was därr gfallt. Du därfschd disch awwer aach ärgre un disch gege alles wehre, was därr bees uffschdoßt! Wann ääns wärrklisch ernschdhaft vun därr verlangt, dass de uff de Schdregg bleibschd, bloß um de annre zu gfalle, dann *haach* die Brems noi!!!

Un *dann* iwwerleggschde därr, wie de die ganze Zuschdänd veraweitschd un verbesserschd, odder ob de se sogar abschdelle kannschd. Es is schunn viel gewunne, wann schdadd dämm ganze Kees e gegeseidischi Akzebbdannz entschdeht. Selbschd dann, wann *des* es Heegschdmaß an Entgegekumme is.

Wannde dann *trotzdämm* nit weiderkummschd, dann zieh disch ruhisch erschd emol e bissel zurigg. Awwer bresch bloß kään Schdab iwwer jemand! Bet färren. Un bet aach färr disch! Es wärrd därr viel helfe, wannde därr immer vor Aage halte kannschd: de Liewe Gott liebt aach dänn Mensch. Un wanns *noch* so en Komigger is! Un dass grad *so* en Voggel, *so* en Owwer-Knallkobb vun emme Mensch *so änner* is, färr dänn Jesus aach äänzisch un allää gschdorwe un ufferschdanne is!

Des hilft wärrklisch!

Es ännert doin Bliggwinkel, ohne dass de seelisch odder moralisch manipulierbar wärrschd, was Mensche jo immer un immer widder an annre versuchen. Um nit iwwer sisch selwärr un ihrn Umgang mit annere Mensche noochdenke odder sogar was verännre zu misse, lewen se oft schdreng nooch dämm Moddo: Aagriff is die beschd Verteidischung!

Loss uns immer drah denke, dass de Liewe Gott die Sind zwar hasst, de Sinder awwer vun ganzem Herze liewe dut! Kumm, märr versuchen, des noochzumache! Wannde därr wärrklisch wünschd, Näggschde-Lieb zu iiwe, dann kann des Grenzfäll iwwerwinde un gude Aasätz färr en Neiaafang biete! Denk immer ans Beschde färr de anner, des kannen nämmlisch zum Noochdenke bringe, un du wärrschd schdark debei! Do kriggschde im iwwertraachene Sinn Muggis wie en Weltmeeschder! Un wanns gut ausgeht, kanner sogar doin Froind wärre!

13

Wannde *so* denkschd, dann wärrd e Näggschde-Lieb in därr wachse, uff die de nimmi verzischde willschd! Du willschd bletzlisch, dass alles, was du selwärr liebschd, was de kloor finschd un als uuverzischdbar haltschd, der anner *aach* so schää erlewe därf! Wahrschoins sogar grad de Dollbohrer, de Wolldowe, de Rieweniggel un die ganz Konnsorrd! Frieher hoschde disch grien un bloo iwwer se geärgert, un bletzlisch willschde Saischer midden hiete! Wannde emol *soweit* bischd, dann geb isch därr Brief un Siegel: de Liewe Gott wärrd disch segne! Des bedeit *Gligg pur!* Isch hab do emol e ääfachi, färr jeden verschdändlischi Gliggs-Reschenformel entwiggelt:

> do ebbes zum Gligg mulldibliziert, also mool-genumme,
> do ebbes subbdrahiert, also abgezooche,
> do ebbes diwwidiert, also gedeelt,
> un do ebbes addiert, also dezugezählt, damit sischs aach rändiert!
> Un schunn hoschde konkrete Zahle uff de Krall:

	Gligg
x	Gligg
-	Schdress un Gedodders
-	uuneedischer Krembel
-	iwwerflissischer Ballaschd
:	Deele mit de annre
+	gedeeldi Freehd verdobble, also mol 2
x	dobbeldi Freehd nochmol verdobble, also mol 4

= **Gligg pur**

Also mir pärrseenlisch is allää schunn *die* Oischdellung zu emme neie, liewe Froind worre. De Näggschde zu liewe wie misch selwärr, heeßt awwer aach, dassde iwwerhaupt nix Uuaagenehmes odder sogar Beeses befirschde muschd, weil isch mir doch selbschd *aach* nix Uuaagenehmes odder Beeses wünsch! Isch wünsch därr alles, was isch märr selwärr wünsch:

Isch wünsch därr ´s Beschde!

3

Isch wünsch därr ääh odder zwee Handvoll gude Froinde, dänne du doi ganzes Lewe lang vertraue kannschd. En Froind, wo immer färr disch do is. Aach, odder grad dann, wanns emol eng wärrd. Ääner, wo alles färr disch schdehe un ligge losst, wannde Hilf brauchschd. Ääner, der nit uff die Uhr guggt. Ääner, der därr aach emol was gönnt, ohne neidisch zu soi, un der sisch middärr freehe kann. Ääner, wo nit bloß klug babbelt – also ääner, wo uff gut Deitsch noch en rischdische Arsch in de Hosse hot! En Froind, wo mit gude Rodschleesch nit nur glänze dut, sondern ääner, der aach emol rodlos middärr groine kann! So en Ewwergrien, quasi! En Froind, en gude Froind, des isses Beschde, was de kriggschd ohne Geld! En Froind bleibt immer Froind, aach wann des Lewe annre Weische schdellt!

Odder so ähnlisch.

Die Afriganer saachen, e Froindschaft is wie es Schbur, wo im Sand verschwind, wammärr se nit schdändisch erneiert. Soll heeße, dass de uffbasse muschd, nit leischdfärrdisch middem Gligg zu hausiere! So e Froindschaft is jo wie es schääni Blumm. In moim Seelegaade acht isch druff, dass se immer genuuch Wasser krieht. Nit zu viel, dasse märr nit versauft, awwer aach nit zu wännisch, dasse kää Verreggelschers schbiele kann!

Isch wünsch därr, dass, wannde moins wach wärrschd, ääner vun doine erschde Gedanke em Liewe Gott gilt. Du kannschd schunn vorm Uffschdeie alles Schwere in Soi Händ legge! Du därfschd sogar bei jeder Gelegenheit bete. Do muschde disch noch nit emol an feschde Zeite halte! *Bet* ääfach! Beim Oikaafe, beim Butze, uff de Erwet, in emme Warrdezimmer, bei doim Hobby, als Gasst uff närr Party, an de rode Ambel, beim Schbazieregehe – die Lischd is endlos! Probiers ääfach emol aus. Schigg all doi Gedanke zum Himmel nuff! De Liewe Gott hert disch immer, egal, wo de schdeggschd! Es hot emol en römische Dischder gewwe, de Kwindus Horazjus. Vor iwwer zweedausend Johr is des gewese. Un *der* hot gsaaht: „Bligg de Daach!“

Wie kammärr awwer en Daach bligge wie en Blummeschdrauß? Isch glaab, isch weeß, was der dodemit gemäänt hot: Märr sollen ääfach jeden Daach als e Lewe färr sisch nämme! Märr sollen quasi de Daach wie

frisch gerobbte Rose in e schääni Waas mit frischem Wasser in unser
gudi Schdubb schdelle. Ei her, des hot was!

Isch wünsch därr aach, dass de nit in irgendwelle Veroinszwäng
odder in sunschdischem Lumbe-Kruuschd oigekeilt bischd, wo disch nur
näärschd macht! Mach, was *dir* gfallt, nit de annre! Un dann wünsch die
gleich Freiheit doim Näggschde! Schmeiß ruhisch emol e Party un geh
aach selwärr uff ääni! Du hoschd jedes Reschd dezu, aach dodebei
wählerisch zu soi. Was därr nit basst, des loss bleiwe. Baschd halt e bissel
uff, dass de kääns debei beleidischd! ´s gibt Leit, die sinn furschdbar
schnell oigschnabbt!

Soviel in emme erschde Schdebb färr doi Seelsche. Es is an de Zeit, dass
isch misch jetzert emol e bissel um doi Herz kimmer. Desweje schoggel
isch disch in moi schääne Hobbies noi! Schnubber ruhisch noi in des,
was moi eigenes Herz so hoch bobbre losst! Des losst sogar dunkle
Wolke vertreiwe. Dodemit ergeht also e *Herzlischi Oiladung* an disch,
misch uff moiner bunde, abwechslungsreische Abentoier-Reis in moin
Seelegaade zu begleide! Isch zeig därr, was märr Freehd macht. Isch
schdell disch de Bewohner vun moim Seelegaade vor, die wo märr so e
tolli Gsellschaft leischden. Des is en kloore Ausfluuch, dänn isch
middärr mach! Du därfschd vun Herze gern in moin Lewensgaade
noischnubbre. Do gibts iwwer dausend himmlische Dufdnote, Farwe un
Lieblischkeite, die aach *disch* umgarne kännen. Un des quasi färr umme!

Gudi Reis!

Do finschde nit nur ´s Lese in moiner schääne, gut beschdiggte un
sorgfältisch ausgewählte Bibliothek, sondern aach Zeit un Luschd färr e
schdunnelanges Schdöbre in Bischergschäfte, in große Bischerpalläschd
un in Antiquariate. Awwer aach in klääne Buchläde, uff Bischerflohmärkt
un Buchmesse. ´s Schdöbre un Lese nimmt e ziemlisch großi Grasfläsch
in moim Gaade färr sisch oi, uff däre sogar ´s Schreiwe vun selwärr
gemachte Gedischde, Gschischde un kloore Bischelscher wachst. Do
wärrn Briefe un Poschdkarte an liewe Mensche noch mit de Hand
gschriwwe! Du finschd Gelegenheit färrs Male mit schääne, loischdende
un transparente Farwe. In moim Seelegaade schoggeln sisch große un
klääne Teddybäre un dänne ihr plüschische Froinde, sowie Bobbe un
Bebbscher gemoinsam in de Schloof un freehn sisch uff de näggschde
Daach. Du finschd Miniature, in dänne die all minanner wohnen!

16

Vielleischd hoschd du jo aach e paar klääne Figure, mit dänne du emol e goldischi Alldaachs-Szeen baue kännschd! Un wannde disch nit grad drahschdellschd wie ebbes, kannschde mit dänne Figure rischdisch schääne Häbbenings gschdalte, in e guti Possizion rigge, ins reschde Lischd setze un knibbse. Un schunn hoschd die näggschd Idee färr ganz pärrseenlische Brief- un Poschdkarte färr jeden Zwegg! Un wann därrs dann noch gelingt, die ganze Szenarije nooch Johreszeite zu arrangschiere, kannschde mit dänne Fotos sogar rischdisch schääne Kalenner in alle Farwe un nooch Theme gschdalte! Des macht so viel Schbaß, un der, wo dänn Schambes emol gschenkt krieht odder kaaft, freeht sisch *aach* wie en klääne Bu! Un färr Fortgschriddene hab isch noch en Tibb parat: Versuch emol, aus dänne kloore, bunde Szenarije, wo disch uff doine selwärr gemachte Fotos aalache, e Gschischd zu schreiwe. Awwer fang nit glei aah zu schbinne, wanns nit uff de erschde Versuch hie klabbt. Geh dewedder! Bobbe un Bärscher sinn wärrklisch geduldische Schauschbieler färr jedi un *in* jedre Sidduazion. Es is dänne ihrn Beruf, Szene *ix*-mol zu widderhole, bisse im Kaschde sinn! Die Bebbscher gehn mit rode Pausbäggelscher, die in ihre lieblische Gsischder leischden, an alles drah. Un aach die Bärscher nämmen ihr Berufung ernschd – mit vor lauder Uffregung rodbraune Plüschwange im goldische Teddygsischdel dabbsen se ihre Uffgawe nooch. Do gibts kää Gemotz wie bei de Mensche! Bei de Bärscher kummt possidiev dezu, dasse vun Naddur aus rischdische, klääne Aahschdeller sinn, die um so lauder brummen, je efter märr se bei ihre Hoimlischkeite ertabbt. Märr hänns quasi mit *Lausbärscher* zu due! Un wann se dann so änner uff uuschullisch mimen, kännd isch se fresse vor lauder Lieb!

Isch wünsch därr, dassde die Lieb zu Bäre, Hunde, Delfine un Wale, Elefante, Affe, Gail, ja zu alle Tiere uff unsre schääne Welt entdeggschd. Un dassde middem dodemit notwendische Reschbekt, wo dänne uuoigschränkt zuschdeht, konfrondiert wärrschd! Die Tiere bevölkern moin Seelegaade un belewen en uffs allerschännschde!

Es gibt jo die kloorschde Froindschafte zwische Mensche un Tiere. En Hund kann doi Lewe bereischern un disch mit soiner Verschbieltheit aahschdegge. Wann en Hund disch liebt, dann macht er des uff ehrlischer Basis. Un färr immer! So e Art vun Liewe un Troie is bei kaum emme annere Haustier zu finne. En Hund is emme Mensch soin beschde Froind, un er will en immer bschitze. So en Bobby is troier als en

Mensch! In de Aage vun me Hund kannschde sogar en Hauch vum Liewe Gott Soiner Troie zu uns Mensche lese. Gugg emol genau hie!

Wie gfallen därr Elefante, die graue Eminenze? Des sinn ganz liewenswerte, riesische Brogge. Die sinn groß un trotzdämm so sanft un schdark! Die sinn klug, un arisch sensibel unner ihre digge Haut! Des kann kääns kalt losse! Wänn des kalt losst, schoint en Rieweniggel zu soi. Elefante hänn Geduld, sinn nit nur zuverlässisch, fleißisch un gutmietisch, sondern aach troi. Un die hänn was im Härrnkaschde! Die vergessen nix! Do schdeggt allerhand zwische ihre große, fladdernde Lauschblädder! Elefante geheeren zu de uugewählnischsde Viescher uff de Welt. Isch lieb se eschd wie nimmi kloor!

Bambiescher un Rehe hänn märrs aach aagetah! Die sinn so aamutisch! Wann mit großem Bschitzer-Schdolz so en majestätische Hirsch newer soiner zarde Bambi-Familie dursch de Wald dabbst: des is schänner wie Kinno!

Affe un Schimpanse sinn widder vun emme ganz annre Kaliwer. Die hänn ihrn eigne Kobb un sinn uns, nit nur deswege, in so vielem ähnlisch. Isch kännt misch verrobbe, wann se rumturnen wie die Affe!

De Bär is ääns vun de beliebteschde Tiere in de Pamba, märr mussen nur in Ruh losse. Emme Bär muschde mit greeschdem Reschbekt begegne, sunschd hoschde ausgschisse! Egal, ob Eis-, Braun-, Panda- odder Brummbär: dänn därfschde nit mit me Teddybärsche vergleische!

Wammärr so driwwer noochdenkt, hot de Liewe Gott jo ganz schää was uff die Bää gschdellt! Er hot zum Beischbiel in die uumiddelbar Nochbärrschaft zu Eisbäre noch mehr bezaubernde Helde im Eis gschaffe: Pinguine! Aach, ihr Kinner, nää, was sinn se nur goldisch! Des sinn jo so simmbaadische Kerlscher, kännschd Faier kreische! Egal, wo se ufftauchen. Die schdolzieren wie Moddels uffm Laufschdeg iwwers Eis. Mit soim weiße, frisch geweschene un gebischelte Hemd unner soim schwarze Fragg weeß de Pinguin ganz genau, wie begehrenswert dass er is! Un schunn schraubt er soi Kebbsche noch e bissel weider nooch owwe. Der is jo so was vun verschbielt goldisch oigebild! Un der weeß nur zu gut, was färr e Wirkung er mit soiner gude Figur un mit soim Biehne-reife Ufftridd uff soi Zuschauer hot! Mit däre Weisheit im Hinnerschdibbsche hubsd er ganz elegant in die Welle. Des is in heggschdem Maß uu-nooch-aamlisch liebfresch!

Schdeggt disch des nit aach aah, die Kerlscher zu verehre? Dann mach isch disch noch mit moine Delfine bekannt!

Also, was de Liewe Gott in die Delfine geblanzt hot, des is oimalisch! De Delfin is froindlisch, verschbielt un reisch an äänrer Intelligenz, die mir *nit* hänn! En Delfin is zufridde un genießt soi harmonischi Welt. Un wann en Delfin lacht, schdrahlt em Liewe Gott Soi großi Lieb aus em Delfin soim Gsischdel! Gugg emol ganz genau hie: des schdrahlt vor Lewensfreehd!

Delfine hänn sisch frieher schunn, in de Antike, de Mensche verbunne gfiehlt. Die hänn Mensche, wo in Seenot kumme sinn, ´s Lewe geredd´! Die hänn Schiffbrüschische an Land gebrocht, un dun aach heit noch kranke Meeresviescher ans sischre Ufer begleite! Die schbielen mit Badegässt in de Buchte un freehn sisch iwwer Kinnerlache. Die lossen se sogar uff sisch reite! Heitzudaachs wärrn sogar behinnerde un taub-schdumme Kinner mit de Hilfe vun de Delfine therapiert un geheilt, weil se so e heilendi Ausschdrahlung hänn! Die hänn e Heilpoddensial in sisch, do kann die Tabledde-Induschdrie oipagge! Do war emol e taub-schdumm geborenes Fischerbu´sche in emme Beduinedorf bei de Berge vum Sinai gewese. Un *des* Fischerbu´sche hot dursch de Kontakt un die Froindschaft zu emme Delfin soi Schbrooch widdergfunne. Alter!

De Delfine hot märr mit Reschbekt zu begegne. Genauso wie alte un weise Mensche. Die sinn e Gschenk! Delfine lewen ihr Froindschaft ohne Bereschnung un erwarten färr nix e Gegeleischdung. Die liewen ihr harmonisch Parrtnerschaft unnernanner un e friedlischi Gemoinschaft mit uns Mensche.

En Delfin hot ebbes, was mir Mensche kaum selwärr hänn: die Fähischkeit färr e ganz un gar uueigenitzischi Froindschaft. Der sorgt färr de Zammehalt innerhalb soiner Familie. Do rennt nit glei jeder zwedde zum Scheidungsaawalt! En Delfin is aach mit emme schdark ausgeprägte Bschitzer-Inschdinkt gsegent. Der haut nit glei ab, wanns bränzlisch wärrd odder wannem ääner uff die Schlabbe getrete hot!

De Delfin därf sisch vun Naddur aus en wunnervolle Gärrdner schänne. Der gießt die Worrzle, wo färrs Lache un färrs Lewensgligg zuschdännisch sinn, mit Schbaß, Schbiel un Gligglisch-soi! Der zeigt uns voller Freehd soi Kunschd-Schdiggscher im Wasser un weeß genau, wie märr uns dodriwwer freehn! Der därf sisch mit Fuuch un Reschd als de Könisch vun de Weltmeere bezeischne. Awwer Hallo!

Die Welt kann uns schdets un schdändisch in Schdaune versetze, märr brauchen uns bloß emol e bissel umgugge un zugreife, wann uns es erschde Schdigg Gligg iwwer de Weg gedabbst kummt!

Isch wünsch därr so viel Gligg un Freehd im Lewe! ´s kann so bunt, vielfältisch, schää un dodemit reisch soi, dass därr schier kään Hut mehr basst! Gönn doinre Seel emol e bissel Ruh, un verweil bei dänne Sache, an dänne du doin ganz pärrseenlische Gfalle drah finschd! ´s geht immerhie um *disch,* um *doi* Wohlergehe un um *doin* Seelefriede.

So wünsch isch därr zum Beischbiel, dass de die Lieb zum Koche entdeggschd! Do lachts Herz, wanns was zum Fresse gibt! Degg doin Disch un schmiggen e bissel aus. Schdell därr ääfach vor, es käämt en Färrschd zu Gasst! So hämmärr doch aach schunn als klääne Kagger gebete: „Komm, Herr Jesus, sei unser Gast. Und segne, was Du uns bescheeret hast! Amen." Uff Hochdeitsch un alles. Weil, des butzt!

Mit gemiedlischem Kerzelischd un zur Johreszeit bassende Serrwjedde un Kinkerlitzscher uffm Disch, do wärrd selbschd die ääfachschd Mahlzeit zu emme Feschdel! Jeder Feierowend kann dodemit soim Name alle Ehre mache: er wärrd en Owend zum Feire! Aller hobb: drahgange!

Außerdämm brauchschde e Teddybärsche, des wo sisch immer schmuse losst. Ääns, wo im Schmuse-Bedarfsfall immer färr disch do is. Also wann därrs nooch Schmuse zumut is mit ääm, wo disch nit verpeift. E *Mungele* färrs Lewe, wie isch ääne vun moine liewe Teddys nänn. Geb em ruhisch en Name, des hot der klääne Kerl wärrklisch verdient! Die Namenspaledd nooch owwe is offe. Do kännen därr dausend Meeglischkeite oifalle. *Ään* Name wärrd schunn zum Karaggder vun doim Bärsche basse. Guggen halt emol, du un doin Bär!

Teddybärscher brummen ganz uuschullisch, wann se als gfürschdete Honischdiebe nit nur in de Wälder, sondern aach in doiner Kisch rumdabbsen. Guggen in die Knobb-Aagelscher, wannde se uff ihre, meischdens midde in de Nacht schdaddfinnende Schdreifzieg mit ihrer Boite erwische duuschd! Dänne ihrn Bligg schoint noch uuschullischer zu soi als dänne ihr Brumme, wann se disch aus „ihre" reisch gfillte Honischdibbscher schneege lossen: die Großziegischkeit in Bärson! Oah, was hab isch die Knoddelkäwwer in moi Herz gschlosse! Moi *Haisel* deet isch verkaafe, um aach nur *ääm äänzische* vun dänne klääne Kerle zu helfe, wanns soi misst! Do kännt isch faschd vergehe vor lauder Lieb.

Teddybaischelscher sinn prall mit Honisch, Budderbrot-Schdulle mit digge Zugger-Riwwle, Kakaomonde, Brauselimo un heeßer Schokklaat mit viel honischsießer Sahne owwedruff. Awwer Teddy*herzelscher* sinn gfillt mit schääne Träum. Un alles, was de dänne aavertrauschd, behalten se färr sisch. Do gibts kää verräterische Rettsch-Kaddle! Die liewens, wannde se nachts an doi Herz driggschd, un dir wärrd des *aach* gut due! Weil se so kuschlisch sinn un so mollisch un so gemiedlisch digg un so weesch un so warm.

Un weil se vun ganzem Teddyherzje verschmust sinn.

Bebbscher un Bärscher, des is Lewensgligg pur! Im Compjuder-Zeitalder weeschde jo manschmo nimmi, wo därr de Kobb schdeht. Do gibts sogenännte *Ei-Podds* färr zum Mussik heere! Un *Ei-Fohns,* schdadd emme ganz schdinknormale Händy! Do brauchschde bloß en Name odder e Nummer noiknewwre, un schunn meldt sisch ääner am annre End! Des is jo faschd wie mit de Iwwerschall-Fluuchzeische: do kummschde in Nju Jork aah, bevor de in Sibirije abgflooche bischd!

E anner Beischbiel: Isch kann mit unserm neimodische Fax zwar alles faxe, was isch will, awwer isch kann selwärr kää Fax krigge! Teschnische Färrz!! Isch weeß aach nit, wie de Fotoabberat in moim Händy funkzioniert, un soll jetzert per ganz leischdem Aadibble uffm Disspleeh ins Indernedd kumme! Odder wann e Migg uffs Disspleeh hubsd! Därfschd bloß nit huuschde, sunschd wärrd de *Guugel* ärr! Un wannde doi Händy ganz leischd schiddelschd, leesd des irgendwo e Beschdädischung färr irgend ebbes aus. Ei, her, wann isch des aus Versehe zweemol schiddle du, odder wann moi Händy in moiner Handdasch beim Bummle hie un her waggelt, hab isch glei irgendwo zwee Kinner-Scheese beschdellt. Färr die Kinner, wo märr nit hänn!

Un deswege: Im Compjuder-Zeitalder un allem teschnische Schnigg-Schnagg sinn Bebbscher un die klääne Schdubbe, wo se drin wohnen, sowie Teddybärscher un die klääne Hehle, wo se drin brummen, des Herzischsde, was es gibt! Wann zum Beischbiel e Teddybärsche in doi Lewe borzelt, dann *isses* um disch bassiert. Dann is nix mehr so, wies vorher war. *Isch hab selwärr so e klääni Vollmeise abkrieht, schreib awwer trotzdämm Bischer. Vielleischd aach grad deswege! Isch weeß also, vun was isch babbel!* Wärrklisch, so en Bäre-Hau-hawwe tobbts voll! Ääni vun soine liewenswerteschde Eigenschafte, wo en Bär hot, is die, dass er die rode Fruchtgummis vun *Bäribo,* soi Lieblings-Sorrd, immer middärr deelt!

Moi zwee erschde un dodemit dienscht-äldeschde Teddybärscher, de Mungi (en klääne Große Panda) un de Bär (en klääne Großardische Teddy), sinn märr an Woihnachde in de Johre 1973 un 1974 jeweils als klääni Zugab zum Hauptgschenk bscheert worre. Wo's Krischdkinnel mimm Gleggsche gschellt hot, hots quasi moi ganzes Lewe verännert. Die zwee Bärscher hänn moi ganze annre Gschenke, wo isch krieht

21

hadd, in de Schadde gschdellt. Die hänn wie Könische uff moim Gschenkeberg gethront, uffm Blätzel glei reschds newerm Krischdbaam, direkt vorm Wohnschdubbe-Schrank. Isch hadd jo des Blätzel durchs Schlisselloch nimmi oisehe känne, weil moi Eltern emol mit dänne Färrz aagfange hänn, des Leschel zuzuschdobbe. Wann isch die zwee Bärscher nämmlisch *gsehe* hädd, dann hädd isch se zweehunnertprozzänndisch schunn *vorm* Heilisch Owend in moi Bedd geholt! Isch kann mit Fuuch un Reschd behaupte, dass märr um zwee wertvolle gemoinsame Näscht in unserm Lewe beraubt worre sinn, moi zwee Herzbärscher un isch!

So hänn se also uff moim Gschenkebergel gehoggt un hänn misch mit ihrm ureigne „Gugg-wie-lieb-isch-gugg!!"-Bligg aageguggt. Do wars egal, dass es noch e foines Borzellan-Serrwies färr moi große Bobbe un klääne Meewel färr moi Bobbekischebebbscher gewwe hot. Märr hänn jetzert erschd emol gschmusd wie frisch Verknallte.

Märr schmusen *heit* noch!

De Liewe Gott hot die Lieb, die Freehd un alles Schääne un Gude gschaffe. So isses iwwerhaupt kää Wunner, wo die klääne Teddybärscher herkumme! Wann isch se hinner de Plüschohrscher krabbel, do, wo ihr Fell ganz bsonners himmlisch riesche dut, dann heer isch ihr dankbares Brumme, un mir sausd lauder Brausegekitzel dursch de Bauch!

Die Bärscher borzeln aach heit noch dursch unser Lewe. Die machens sisch mit uns dehääm gemiedlisch, fahrn mit uns fort, schoggeln un bobbeln uns. Un die schdehen uns aach bei, wammärr emol traurisch sinn. Märr vertraun uns ääfach alles aah. Un märr hänn uns jo *sooo* ebbes vun lieb, her! In ihre klääne große Herzjer wohnen liewe, gietische Plüschtierseelscher. Un kää äänzisches vun ihre Verschbresche dun se jemols bresche!

Außerdämm sinns Aahschdeller. All minanner. Do is ääner besser wie de annre. Awwer Hallo! Wannden bei ihre Lausbärereie zuguggschd, odder wannde ihr Abentoier in moine Bischer noochlese duuschd, muschde ääfach lache. Es geht nit annerschder.

Bobbe un Bebbscher, Bäre un Bärscher. Mit gietische Kuller- un Knobb-Aage in ihre lieblische Gsischder. Des sinn unser Kinnerscher aus unsre Kindheit. An Liewenswierdischkeit uuiwwertrefflisch!

4

Wannde in Urlaub fahrschd, nämm doi Bärsche ruhisch mit. Egal, wie alt de bischd. Egal, wie alt doi Bärsche odder doi Lieblings-Schdofftier is. Nämms mit! Es beaahschbrucht kaum Blatz, un wie arisch arg wärrenärr eisch minanner freehe!

So wünsch isch därr die Lieb zum sunnische Siede un aach zum raue Norrde. Des sinn zwar Unnerschiede wie Daach un Nacht, awwer jedes hot ebbes färr sisch!

Genieß emol die Schdirm an de Ostsee un an de Norrdsee. Quasi an de Hausdeer zu Skandinavje. Do findschd e Landschaft wie ausm Schatzkischdel vun de Mudder Naddur. Klääne Hafeschdädt un schääne Schdränd sinn ihr Wisidde-Kart! In de schännschde Meeresbuchte, urische Dörfer un präschdische Gutsheef, zwische Windmiehle un Leischd-Tirm is de Wind dehääm. Do beschdimmen Wasser un Salzgeruch, wo de Wind mit sisch bringt, es Lewe. De Wind is immer un in alle vier Himmelsrischdunge unnerwegs. Nirgendwo wärrd er so rischdisch seßhaft. Awwer wannde in äänrer gewärmte Fischerhidd frische Fisch fudderschd un e bassendes Gläsel Woi dezu schliggschd, vielleischd aach zwee (wahrschoins sogar!), un de Wind peitschd dursch die Diene un hebt die Fischerhidd faschd aus de Angle: dann *gfallt* därr uff emol des raue Wedder! Wann die Regetrobbe gege die Fenschder-Scheiwe klatschen, her, des hot ebbes! Drauß isses kalt un drin wärrschde vun kuule Friese wärmschdens versorgt. De Woi dut soi iwwrisches – was willschde dann noch mehr?

Hab isch schunn emol gsaaht, dass isch Rege gern hab? Un die Mensche, wo de Rege genauso liewen un sisch vun däre Fasszinazion aahschdegge lossen, wo vunnem ausgeht? Isch liebs, wanns Kobbschdää-Blaschder nass is un wärrzisch rieschd. Im Summer is des jo noch schänner. De Rege is färr misch en willkommene Froind. Er is aach färrs Lewe absolut uuerlässlisch! Märr können nit uffn verzischde. Ohne Rege gheerschd de Katz. Es is gemiedlisch, in re urische Schdubb zu hogge, wanns drauße sifft. Es is beruhischend, wann de Rege soi Mussik schbielt wie in emme vielschdimmische Konzert. Un wie de Gaade sisch erschd freeht! Des is es beschde Wasser, was es färr die Naddur, die Felder un die Woiberge gibt. Jeder Regetrobbe is en Kuss vum Himmel! Viele *ix*-hunnertdausend Drobbser sinn, na, mal därrs selwärr aus.

Schbaziergäng mache an endlose Schdränd un em Meeresrausche lausche! Ja, schberr doi Lauscher ruhisch emol uff! Weider weg hupt en Schiffsdampfer un erreischd doi Ohr wie en liewe Gruß. Boote un Leischd-Tirm sehe un disch geborge fiehle. Kreischende Meewe, uffschdeigende Drache, lachende, schbielende Grewwerde um disch rum, un e klää Fischerboot finne färrs Schdrandpiggnigg.

Die Welt, in däre märr lewe dürfen, bscheert uns viele schääne Ausflieg. E Reise nooch Rügen mit soine schääne Bilderbuchdörfer un herrlische Alleeje versetzt disch in e Märscheland. Fahr weider nooch Sült un Friesland, des sinn die Kinnerschdubbe vun de Silwer-Meewe. Ääfach nur schää! Do grasen Kieh uff endlos weidem, flachem Grasland. Do liggt Salzgeruch in de Luft. Genieß en gude, heeße Tee zu Weißbrot un Budder! Kummschd därr vor wie die *Märry Pobbins* bei ihrer Tee-Party an de Degg! Okäy, des war grad ebbes färr Mjuusiggel-Fäns.

Mach en Abschdescher nooch Hamburg, em *Tor zur Welt*! Bsuch die kiehl Verfiehrung im Hohe Norrde. Schää! Hamburg. E Hafeschdadt, wie se schänner nit soi kännt. Do gibts des Goldschdigg Blankeneese mit weiße Wille an de Elb-Schossee, des verträämte Fischerdörfel iwwerm Elbufer. ´s is immer noch uuverännert schää dort. Kännschd määne, bischd in Iddaalje: Mailänner Passahsche, Arkade wie in Weneedisch, Palläschd wie in Florränz, Kollonaade wie in Bollonnja un ääh Schdroße-Caffè newern anner mit Bligg iwwers Wasser. E Schdiggel doltsche wita in Deitschland! Un iwweraal begegnen därr froindlische Leit.

In Schoddland kann därr schier die Luft wegbleiwe. Safdisch griene Higgel mit große Schafsweide, durschzooche vun Fliss mit oiladende Hausboote zum Angle uffm Schännen-Riwwer. Ääh Pabb un ääh Wissgie-Brennerei newer de anner, do hoggschd disch nieder! Do känntschde gladd zwee Lewwre brauche!

In Sied-England beteern disch in alle Farwe bliehende Gäärde in Kent, mit schääne Schlesser un Herrehaiser. Un die schroffe Kreide-Klibbe sinn Reschbekt-oifleeßend. Muschd halt e bissel uffbasse, dass de nirgends nunnersause duuschd!

In Kanada kannschde doi Holzfällerhemde auspagge. Wärrschd verzaubert dursch ruhische Wälder un Seeje, gletscherbedeggte Bergkedde un grandiose Bergpanorame, goldgelwe Weizefelder un die Arktis, ääni vun de letschde Wildnisregione vun unsre Erd. Un du kummschd in lewenslusdische Schdädt zu lewenslusdische Leit!

Florrida is e Schatztruh! Do sinn karibische Inselzauber, exotische Viescher un Blanze, Teische mit schneeweiße Seerose, glasklare Gewässer, die Küst zwische Maijämmi un Paam Bietsch, Prachtmeile un Yachtheefe dehääm! Do fehlt bloß noch ´s Hawaii-Hemd!

Es sunnereische Kalliforrnje riwwelt därr aach e schäänes Aagebot unner doi Näsje: Higgel, Sunn, Häfe un Traumschdränd färr Wasserradde un Windsörfer. Verschdeggelt liggende Täler un sandische Felsbuchte, ideal färr Liewespäärscher! De Ozean, windgepeitschde Bergkämm, sunne-iwwerflutete Woiberge, griene Wiese, saftische Pärrsching – un als Kontraschd newwelverhangene Buchte, umbrandete Vorgebirge un schneebedeggte Gipfel, wie ausm Märschebuch! Un als Abrundung die vun de alte Zeit raunende Reddwudd-Wälder, winzische Ortschafte un Schodderschdroße. Un ´s beschde: owends kannschde an weide, endlose Schdränd die Delfine beowwachte!

Also wann *des* kää Liweserklärunge an e wunnerschääni Welt sinn, dann weeß ischs aach nit. Dann blädder halt vor bis uff Seit 31.

Skandinavje is jo aach ebbes zum Verliewe! Äänzischartische, herrlische, vun Berge umgewwene glasklare Gewässer in Form vun Fjorde, reisch gfillt mit gsunde Fisch. Kään so en Schambes wie aus de Tiefkiehltruh odder Bleschbix! Dänemark, Finnland, Schwede un Norwege – die verschdehen was vum Lewe ausm Wasser! Un sie waaten uff mit gepflegte Insle, Schdädt un bunt gschdrischene Fachwerkhaiser, klääne Dörfer un große Baureheef, dausend Summerhaiselscher färr Ferijegässt, Badeorte, de Ruh in Fischerdörfscher, endlose, ruhische Wälder un Naddur-Geniss pur! Weil do noch alles so uuverfälschd is. Do sinn Wasser, Wind un Diene dehääm.

Genieß die Middernachtssunn un die Polarnäscht! Un schdell emol doi Lauscher in Rischdung vum ruhische Eismeer: do heerschde, dass de *nix* heerschd wie nur die Ruh! Entdegg ferne Insle, iwwerwäldischende Naddure im Hohe Norrde un die Lewensfreehd vun soine Bewohner. Bsuch die Rentier-Zischder am Norrdpol, wannde schunn emol dort bischd – die märschehaft Hoimat vum Belzniggel. Wannde genau hieguggschd, odder wannde disch noiträäme kannschd, siehschde sogar em Niggelaus soi Werkschdadd! Do wärrd Daach un Nacht gschafft, Summers wie Winters. Awwer im Winter herrschd dort Hochbetrieb. Un knibbs Bilder! Des glaabt därr sunschd kää Sau dehääm! Isch wärr därr noochhind noch e weideres Deersche uffmache, un disch in moim traumhaft schääne Seele-*Wintergaade* Herzlisch Willkomme heeße!

Nadierlisch lieb isch aach die Sunn! Am meischde, wann se sisch im Friehling un an ganz milde Summerdaache vun ihrer beschde Seit zeigt. So mit zweejezwansisch bis vierezwansisch Grad. Es gibt genuuch Blätz, wo se gern dehääm is un mild schoint. Wo se sisch mit närr Affehitz nit grad uubeliebt macht. Fünfezwansisch Grad gehn *aach* noch.

Saach emol: Wie gfallt därrn Ungarn? Des Land mimm Paprika-Gulasch, de Ziehbrunne un dänne liewenswerte Zigoiner? Budapeschd wärrd mit Reschd als es *Paris vum Oschde* bezeischent: Es is malerisch schää, mit eesterreischischem Fläär, Schlesser, Burge un middelalterlische Burgruine, Kleeschder, piddoreske Dörfer un de Fischerbastei. Urtiemlische Wälder, ´s Ungarische Meer, bizarre Trobbschdää-Hehle, unnerirdische Thermalmeere un annre Gsundbrunne vermiddeln därr e mediterranes Lewensgfiehl. Farwische Volksfeschde geheern do zu de Tagesordnung. Du muschd nit uubedingt en Hau färr Trachte hawwe. Awwer gugg därr die ungarische Dänz emol aah, die die heeßblitische Dänzer uffs Parkedd schmeißen! Do kriggschd Gänsekligger!

Budapeschd – e Schdadt mit Lewensart un Kultur. Bäder un Therme, iwweraal finschde was zum Plansche. Galerije, Museumsdörfer, Opre, Theater un Schnigg-Schnagg-Reschdaurants, beriehmte Caféhaiser zum Entschbanne, Schobbing-Palläschd un Flohmärkt – nooch e paar Daach weeschde, warum Ungarn ohne Budapeschd genauso uuvorschdellbar is wie Iddaalje ohne Weneedisch, Frankreisch ohne Coddasüür, Griescheland ohne weiß gekalkte Dörfer un bunt gebänselte Tondibbe, Friesland ohne Tee un Rhoiland-Palz ohne Woi!

Uff de uuendlisch weide Pussta rennen halbwilde Gail rum. Oah, was sinn des färr schdolze, troie, herrlische Pferdeviescher, mit ihre wilde, glanzvolle Mähne! Die rennen dermaße majestätisch um die Wedd, als gings um sunschd ebbes! Un uff große Gras- un Weidefläsche tummeln sisch Gänsjer. Do kriggschde schunn widder Gänsekligger!

De Pladdesee, reisch gfillt mit vor Gsundheit schdrotzende Fisch, is e Paradies nit bloß färr Angelfroinde. De Klaus hot jo e paar Trebbelscher ungarisches Blut in soine Adern, wo isch pärrseenlisch an die Degg hubse kännt vor lauder Freehd: Isch lieb dänn Reischtum an Herzenswärm, wo die gasstfroindlische Ungare vun sisch gewwen! Ungarn is e Goldschdigg in äänrer reisch gfillte Schatztruh!

Un is därr schunn emol uffgfalle, was färr e gigantisches Lischd in Griescheland leischde dut? Die Küsde, die schdrahlen wie Brilljannde! Die Kubble vun de Käärsche in dänne malerische, uuverfälschde Dörfer sinn wärrklisch so blau wie de schdrahlende Summerhimmel. Was uns uff Poschdkarte un Reise-Proschbekte aalacht, is mol ausnahmsweis *nit* gelooche! Im Friehjohr rieschds nooch Kraiter un Gewärrze, im Summer gibts Zazziggi, im Herbschd is Woilees; dann rieschds nooch Woi ohne End! Un im Winter kannschde disch an dänne ihre große Brot-Eefe wärme, wanns Brot gebagge wärrd. In Griescheland gibts greeßre un klännre Tawärrne, oft an ruhische Küsde aagsiedelt. Do kannschde noch Dorfatmosfeer genieße, modern un romantisch! 's gibt malerische, sunnische Sandbuchte, Berge un Meer, bundes Schdrandgedöns, Fischerboote, grien un silwer schimmernde Olivehaine, soweit de gugge kannschd. *Ix* Insle, Bergdörfscher un Schdädt. Un iwweraal die weiß un blau gebänselte Küsdedörfer. Sauwer, moin Liewer! Do wohnen absolut liewenswerte, schääne Mensche, oftmols sogar in schmale Gässjer, wo märr als Bsucher kaum hiekummt!

Griescheland is e herrlisches Inselparadies. Quasi e Schmuggschdigg uff unserm Planet! Des finschd nit iwweraal! Genieß es, was därr die Welt an so emme Luxus biet! Un loss disch aahschdegge vun moiner Lieb zum lischtdurschflutete Frankreisch. Ei, her, die versaufen jo ball im Lischd! Frankreisch – un soin Dufd nooch Lawendel un Rosmarin. *Des* rieschd vielleischd!! Her, wannde do nit uffbaschd, wärrschde hei! Beteerende Brise vun Thymian un Holzraach, Woifelder, Olivehaine, endlose Sunneblummefelder un Bliete-Debbisch aus Lawendel!

Un aus alle Egge heerschde es Knussber-Geraisch vun ofefrische Baggedds. Knussber, Knussber, Knaisel! Baggedds in jedem Haisel!

Es gibt aach kaum e Egg, wo därr *nit* e Werk vun de fransesische Kinschdler ins Aag schdischd. Die hänn jo frieher schunn gebänselt, bis de Arzt kumme is! Junge un alte Leit hoggen iwweraal rum un malen. An de Coddasüür, ääner vun de schännschde Küsdelandschafte uff de Welt, kannschde doi Herz verliere. 's gibt Küsdeabschnidd, do hoschd Ausbligge uffs Meer, uff Hafebuchte un wunnerschääne Yachte, uff Gebirge un gschmaggvoll aageleggte Gäärde. In de Gässjer vun de alte Inneschdädt un reizende Bergdörfer an de Häng, awwer aach entlang vun de Küst gibts schääne Hotels, Wärrtschafte, Bistros un Caféscher.

Sann Tropee is e Schdadt, do kännschde vor lauder Trääme aafange zu schbinne. So schää isses dort! Kulinarische Koschdbarkeite an de glitzernde Meeresküsd entlang, es Getraatsch in de friehe Owendschdunne uff de Dorfblätz, mit frische Flammkuche, Baggedds, Trauwe un Kees un emme ääfache Woi: des hot ebbes! Kannschd awwer aach im Reschdaurant an emme Schlaraffeland-Disch mit me rischdisch schbritzische Schbitzewoi hogge un die raffiniert Kisch genieße. Dursch die Johrhunnerde alt Woikultur is Frankreisch, newer Iddaalje, de Woikeller vun de Welt. Do finnen sisch alle gute Drobbe un Drebbelscher, wo Rang un Name hänn. Die Fransose schätzen ihrn Woi. Un des an jedem äänzelne Daach. Des macht se noch simmbaadischer, als wie ses sowieso schunn sinn! Iwweraal schmeggt die Luft nooch Sunn un rieschd nooch Kraiter un Gewärrze un azurblauem Meer.

Frankreisch is ääns vun unsre schännschde Nochbärrlänner. 's hot de heeße, mediterrane Siede, wo zum Sunnebade in türkisblaue Buchte un zum Schobbe uff endlose Flaniermeile oiladt. Do kannschde disch dumm un dämlisch kaafe, wannde an de Hafe- un Uferpromenade vun de Coddasüür entlangdabbschd, un känner doin Geldbeitel feschdhalt! Uff de anner Seit, im Norrde, isses newwlisch un kiehl, do hots schneebedeggte Alpekämm un trotzdämm fruchtbare Ebene!

Die Farwe vun de Prowoos un de raue Atlantik vun de Bretannje, de prachtvolle Glanz vun Paris un de verträämte Scharm vun Sann Tropee – des große Land im Wesde vun Oiropa iwwerraschd mit schdändisch wechselnde Kontraschde. 's is vielfältisch un macht Laune uff mehr! Außerdämm sinn die Fransose schnell, wann se was zu entscheide odder zu beschließe hänn. Die doddern nit schdunnelang rum un machen kää große Färrz wie mir. Frankreisch is en Juwel!

Awwer am schännschde is Iddaalje. Do beißt die Maus känn Fade ab! Iddaalje. Iddaalje is de Brilljannd der Welt! Bella doltsche wita! Iddaalje is nit bloß es gutes Gfiehl: des is e Lewens-Oischdellung! Do raddern die Wessbaas un die Tschinkwe-Tschänndohs. Do knaddern Esbresso-, Kabuddschino- un Ladde Mackjato-Maschine in de Reschdaurants un Caffèscher um die Wedd. Do kannschde Vesbern unner freiem Himmel – im Hof unner emme Schadde schmeißende, große Baum odder midde uffm Marktblatz. Awwer 's Klabbre vun Deller un Bschdegg, 's sanfte, beinoh melodische Klirre vun Gläser un die lautschdark Unnerhaltung vun de Iddalljääner: *des is es Lewe!* Un weil die jo aach nit grad mit wännisch Grewwerde gsegent sinn, heerschde dänne ihr Lache un Gebabbel un Gedöns bis in die Nacht noi! Un die rassische Iddalljääner rauschen mit ihre flodde Alfas um die Egg. Des is e Gehobbdiddels wie im Film! Määnschd, bischd midde im schbannendschde Krimi!

Selwärr gemachte Nudle un Pizza, Parmesankees un e gutes Gläsel Woi zu jeder Daaches- un Nachtzeit. Im Friehling, im Summer, im Herbschd un im Winter. Un im Friehling un im Summer noochem Herbschd un em Winter glei widder. Es heert nie uff!

Un aach *Iddaalje* hot e Woikultur, die sisch gewesche hot! Des geht bis in Urzeite zurigg! Die kännen sisch logger mit de Fransose messe. Logger!! Frankreisch un Iddaalje zählen nämmlisch zu de wischdischsde Woibau-Nazione vun Oiropa! Un isch finn, dass märr des aach schmeggt: die sinn fruchtisch, frisch, hänn viel Sunn abkrieht un sinn trotzdämm so schää weesch.

Fang doi Iddaalje-Reis im kiehle Norrde aah. Vorbei am wunnerschääne Gardasee, märr nennt en jo aach *'s Tor zum Siede.* Dann fahr bis nunner ins siedlischsde, heeße Sizillje. Des is e rischdisch herbi Inselschönheit, e Inselparadies im Middelmeer. Awwer reis dann noch e Schdiggel weider nuff nooch Sardinje. Des is alt un ganz eige. Uff de Sardinische Marktblätz gehts ganz schää ab! Do isses bunt, freehlisch un laut. *Des muss märr erlebt hawwe!* Un des *mir,* als Schdubbe-Hoggern!

Iddaalje isses Zitroneland. Do wachsen Zitrone, do wachsen därr kää Hoor mehr! Es is e Land, nooch dämm märr wärrklisch Sehnsucht hawwe muss. Außer, märr is vun Naddur aus en Hobbdiddel, dämm wo sowieso nix rischdisch gebagge is. Trotzdämm is färr jeden Gschmagg ebbes debei: Dörfer, Täler, Berggipfel mit verschdeggelt liggende alte Wille un Schlesser, ausgedehnte Woiberge un Kaschdannje-Wälder, viele noch nit vun jedem Dodderkobb entdeggte romantische Fleggscher, Seeje, Schdränd, Berge un Higgellandschafte mit Olive- un Zitronebääm. Im Hinnergrund schneebedeggte Alpegipfel un uralte Schdädtscher im Norrde, in dänne sisch es moderne Lewe schbiggelt.

Siedtirol is de Vermiddler vum kiehle Alpine un dämm warme Mediterrane. Uff de ääne Seit gibts eisische, karge Bergregione – un nur e paar Kilometer weider weg versinkschd in emme Blietemeer! Do kummt also *aach* e bissel Sunnischer-Siede-Schdimmung uff! Du finnschd ibbisch wachsende Palme, bliehende Obbstwiese un riesische Woiberge, Berg- un Tallandschafte mit schdädtischem Fläär, malerische Gässjer, Thermalbäder, Museeje, Käärsche un Kleeschder, in dänne uuzählische Kunschd-Schätz unnergebrocht sinn. Schlesser un Burge, Naddur- un Freizeitparks, Woidörfer, Reschdaurants un Caffèscher. Un iwweraal wärrn doi Lauschlabbe vum laute, scharmante Lache vun dänne ach so scharmante Iddalljääner verwähnt!

De Gardasee is e Schdigg Middelmeer in de Alpe. Mit schääne Seeje un Berglandschafte. Do kummschde uff schmale Bergschdroße nuff zu de Bergdörfer. Es gibt viele Insle un Halbinsle, klääne Badebuchte un malerisch schääne Häfe an breede Uferpromenade. Un hinnedrah schdeile Berghäng, in dänne präschdische Wille prahlen. Ääh Pizzeria

29

newer de anner, klääne Reschdaurants un Caffèscher an de Seeufer. Iwweraal schbiggelt sisch die glitzernd Sunn – des is e rischdisch Iddalljäänischi Coddasüür! Bummel emol iwwer de Markt, genähmisch därr en frische Fisch am Wasser un flanier an de Hafepromenade entlang, an de Uferschdroße vun de Hafeschdädtscher un an de Zitroneküst Riwjeera di Limoni. Des is was färrs Aag un färrs Mägelsche!

Isch kann gar nit uffheere, vun Iddaalje zu schwärme. ´s gibt so viel Landschdrisch, wo misch ääfach verzaubern. Sunnische Schdränd am Meer, Trüffelwälder, Bergdörfer. Un es is alles so schää farwisch: die rode Wessbaas un die schwarze Alfas. ´s Ogger vun de Felder, die griene Wiese, de blaue Himmel, die silwerne Eelbääm, de goldne Kaschdannje-Honisch, die saddgriene Zypresse-Alleeje un die goldgelwe Higgelkedde in de Toscana. Des hot alles soin eigene Scharm. Un wannde Kunschd-Schätz liebschd, dann beweg doi Ärschel emol in Rischdung Florränz!

Die Lagune-Schdadt Weneedisch is jo aach so en Traum. Mit ihre Gondle un ihre scharmante Gondolljeri! Loss disch emol zu Härry´s Bar schibbern. Des is ääns vun de beriehmdeschde Caffèscher un Reschdaurants vun de Welt! Do sinn sogar Aristokrate un beriehmte Leit Schdammgässt! Die Bar befind sisch uumiddelbar newer schaukelnde Boote un emme schwankende Landungs-Schdeg am Canale Grande. Also bei de Iwwerfahrt uubedingt an Anti-Kotz-Tabledde denke!

Weneedisch is ääni vun de faszinierendschde un schännschde Schdädt uff de Welt. Mach därr emol die Hetz, un dabb an emme Summerowend uff dänne alte, kniddrische, kobbschdää-geblaschderte Schdroße dursch die Gässjer, un schobb in *ix* klääne Läde un Gschäftelscher. Genieß die gut Luft, wo nooch frische Blumme rieschd un nooch salzischem Wasser. Nämm doi Owendesse unner emme Woilaubschleier oi. Beowwacht es Flimmre un Schimmre vum Wasser un heer em Schbiel vun de Welle zu – *des* macht de Scharm vun Weneedisch aus! De Canale Grande is iwwrischens wies iwwrische Iddaalje selwärr: der biet därr zu jeder Daacheszeit e zauberhaft Bild, sogar im Laddärrne-Lischd am weneezianische Owend. *Iddaalje* halt!

Die Iddalljääner beherrschens, aus re noch so klääne Ernt e Dorf-Feschd zu zaubern, wo därr nix mehr dezu oifallt! Isch kann märr gut vorschdelle, mimm Klaus e Blätzel in Iddaalje zu finne un selwärr in emme Naddur-Schdää-Haus zu wohne. In so emme rischdische, mit Bruchschdää uff Bruchschdää gebautem Haisel. Un en große Hof zu fiehre, e Hotel, e Pännsion mit familiärem Karaggder, e Reschdaurant odder e Wärrtschaft, e Eisdiel, e Caffè. Fazit: die Farwe vun Iddaalje leischden. Nämm se in därr uff, dann bringen se disch zum Schdrahle! Isch lieb dänn Brilljannd! Soi Bsonnerheite, Mode, Fußball, Wessbaas, Tschinkwe-Tschänndohs, Alfas, Kabuddschino, Ladde Mackjato, Olive, Tomate, Knowwloch, Woi, Kraiter-Liggeerscher, Pizza, Nudle un Parmesankees. In alle Warriazione un zu jedre Gelegenheit. Iddaalje is e Land, des mit Reschd als de Inbegriff vun lukullischem Genieße gilt. Oah, was lieb isch soi laute, schääne Mensche un dänne ihr mediterrani Lewensfreehd! Un wie ses Lewe so leischd nämme kännen! Isch lieb die Schbrooch un ihr Tembrament, was aach *isch,* moim liewe *Nonno* seis gedankt, in märr drin hab, un mit Leib un Seel ääni vun dänne *bin!*

Märr hot misch nit umsunschd, schunn seit isch denke kann, mehr wie *ix* mol mit närr Iddalljäänerin verglische un sogar verwechselt!!!

Is därr des alles jetzert e bissel langatmisch vorkumme? Macht nix. Dann bischde wännischdens mol e bissje in de Welt rumkumme. All die wunnerbare Länner un ihr wunnerbare Mensche un Bsonnerheite lieb isch wie nimmi kloor. Isch kann hiefahre, isch kann widder hääm kumme. Dann blädder isch in Bilderbischer un in Kunschd-Bänd rum, un bin quasi schunn widder dort. Un *du* kannschd des aach! Les Bischer, des sinn Froinde. Mit Bischer kannschde trääme un dursch de Horizont gugge! Des is wie Balsam. Les Bischer, gugg därr die Bilder aah un schbinn doin eigene, schääne Film! Hol därr die bunt Welt in farwefrohe Bischer hääm. Wärrschd sehe, do zauberschde aus de klännschde Schdubb e Urlaubsparadies! Awwer zuerschd entfiehr isch disch noch korz in e weideres Land in moim Seelegaade. Ins Land vun de Miniature! In die Welt der Reische in Mini: *Reisch un Klää!* Vun prunkvolle Schlesser un Empfangshalle, Sallongs un schdilvolle Bankedds in riesische Schbeise-Sääl, iwwer Prinzessinne- un Königs-Swiite, Kaiserlische Herrschafts-Palläschd un präschdische Kamine, geile Woikeller, Galerije, Ateljees un Hoheitlische Kinnerschdubbe, bis hie zu Schlossparks un Schlossgäärde mit terrasseförmische Aalaache is do alles vertrete! Wannde därr so ebbes in exclusive Miniatur-Fachhefte un Bildbänd, die iwwrisches en Arsch voll Geld koschden, aaguggschd, kannschde oft gar nit erkenne, dass des nur klääne Noochbildunge sinn. Kreisch Faier!

Es gibt awwer nit bloß Miniature ausm Lewe vun de *Hai Sosaiety,* sondern aach ausm Bürgerlische Oddo-Normalverbraucher-Lewe: Szenarije uff Marktblätz un Baureheef, in Schule, Bobbeschdibbscher,

Kinnergäärde, Abbodeeke, beim Doggder, in Kaufläde un Warehaiser, sowie Woihnachds-Romantik aus de gute, alte Zeit. Un *noch* mehr! Des sinn ganz tolle Ausflieg, wo de do quasi *färr umme* mache kannschd! Du kannschd awwer aach in Schbielzeisch-Museeje gehe, un därr in Bobbehaus- un Miniatur-Fachgschäfte dänn ganze Kram in kunschdvoll oigerischdete Schaukäschde un Vitrine aagugge. Es gibt nix ausm große Lewe, was märr nit in Miniatur darschdelle kännt. Es gibt sogar die Bebbscher mit alle meeglische Gsischdsausdrigg: vum schloofende Bebbsche iwwers kreischende, un vum bsonners erschdaunte odder schelmische, bis hie zum Reschbekt-oifleeßende odder hutsimbelisch guggende Gsischdel gibts alles. Um nur e paar vun dausend zu nenne.

Un jetzert hoggschd disch emol vor so e Bobbeschdibbsche odder iwwer e Miniature-Buch un träämschd disch noi. Do wärrschde emol sehe, wie ähnlisch des doim eigene Lewe is! Do gehts drunner un driwwer. Do wärrd manschmol gelooche, dass sisch die Bobbehausbalke biegen, awwer des losst sisch jo zum Gligg alles widder zureschd rigge. Un glaab märrs: der ganze Firlefanz is do, um uns Mensche Gliggseelischkeit zu bescheere! Do erlebschde genau des, was es Lewe vun Aafang aah färr disch soi wollt: doi klääni, großi heili Welt!

Oah, isch hab *immer* Fiewerbäggelscher ghabt, wann isch als kläänes Mädsche mit moiner Bobbekisch gschbielt hab. Immer! Nit ääh äänzisches Mol *nit!* Un es meischde aus moim Schatzkischdel vun frieher is noch do! Isch hab sogar noch zwee klääne, antike Kaffeedellerscher aus Borzellan, mit Goldrand, un e Tässje dezu, die mit närr zarde Ros bemalt is! Des is aach heit noch moin ganze Schdolz! Annre hädden des schunn längschd fortgschmisse un dursch irgend en annre Schambes ersetzt. Do kammärr doch nit kloor soi!

In de Woihnachdszeit hoschd als määne känne, unser Wohnschdubb hädd sisch aus emme wunnerschääne Märschebuch gschlische, *so* e gemiedlischi Atmosfeer hänn die Lischdelscher, wo in moiner Bobbekisch gebrännt hänn, rings um ääns gezaubert! Do hot die ganz Wohnschdubb ausgsehe, ja, wies an Woihnachde halt aussieht! Isch hadd als manschmol geträämt, isch wär selwärr moi Lieblingsbebbsche Katja Karin Därrou. Ehrlisch, so heeßt die *heit* noch! Un dass isch in dämm Bobbehaisje in Norwege wohne däät. In Oslo. Wann moi Mama dann noch ihr beriehmte Bobbekischebrote, Breedscher, Kuche un Brezzle aus Woihnachdsgutseldeeg gebagge hot, wär isch am liebschde als selwärr e Bebbsche gewese! Die hänn iwwrischens oft Bsuch krieht vun ihre Bobbefroindinne! Un hänn sisch nadierlisch bei ihrm Kaffeeklatsch un Kakaotraatsch in däre urgemiedlische Kischeschdubb sauwohl gfiehlt! Do finnen als bis uff de heitische Daach immer noch regelreschde Kischeschdubbe-Schlachde schdadd. Do wärrd awwer nit nur gfuddert: do wärrd gschnaddert un getraatschd, bis die Schnut franzlisch is! Die dauschen sisch als die neieschde Neiischkeite iwwers Bobbelewe aus, do kannschde nur Baukletz schdaune! Vun „Habtärr schunn gheert, dass de Katja ihr Froindin jetzert Giddar schbielt?", un „Wissenärr schunn, dass die Bäggersfraa *schunn widder* e Bobbelsche krieht?", iwwer „Hawwenärr schunn gsehe, dass unser Nochbärrn e nei Handdeschel hot? Schad, dass die heit nit kumme kann! Awwer bei *der* Gelegenheit muss isch glei mol ebbes loswärre!", bis hie zu „Soll isch eisch verrode, wohie märr des Johr in Urlaub fahren? *Nooch Iddaalje!!* Is awwer noch e groß Gehoimnis! Pah, die do driwwe wärrn glotze, wann se des heern!", kummt de Bebbscher im Bobbelewe alles des zu Ohre, was es im große Lewe im Großformat aach gibt. Alle babbeln un kreischen durschnanner:

„Isch brauch uubedingt e neies Fläschelsche Nachellagg. En rode. Hmmm, die Erdbeertärrtscher schmeggen heit ganz klasse!"

„Jo, moi Hoor-Schbräy is aach leer worre. Kännschde märr grad mol die Sahne gewwe?"

„Gut, dass de misch drah erinnerschd, weil isch brauch neie Badeschaum un e Fläschje Schammbohn. Machschd du eigentlisch Honisch in doi Sahne noi odder Puderzugger? Die is so schää leischd!"

„Ou kloor, ihr gebt märr grad es Schdischworrt: Isch muss es näggschde Mol beim Oikaafe an neie Filderdudde denke. Kreisch Faier: jetzert is märr doch gladd de owwerschde Knobb abgange!"

„Ah ja, nadierlisch, jetzert kummisch widder druff: Moi geblimmelt Kleedsche is jo noch in de Roinischung! Un isch muss moi rode Laggschuh beim Schusder abhole. Hoschde noch e bissel Kaffee färr misch iwwrisch? Schwarz, wanns geht!"

„Ou, her, gut, dassde des grad saachschd, bevor ischs noch vergess: De Bobbehaisel-Schornschde-Feescher war jo aach noch nit do! Dänn wärr isch glei mol aarufe un zur Schnegg mache."

Un: „Moin Zahnarzttermin am zwedde Januar verschieb isch ganz ääfach. Isch wärren glei emol am dridde Januar aarufe un pinktlisch absaache. De Tärrtscher-Weddbewerb im Mai geht schließlisch vor!"

Do wärrd ääni vun de Bobbefroindinne hellheerisch: „Hoschd du eigentlisch dänn schääne Terminkalenner mit dämm integrierte Dasche-Reschner noch krieht, dänn wo´s im Sonderaagebot gewwe hot?"

Des Bebbsche niggt schdolz, es wär dodebei beinoh mit de Fress uff de Kaffeedisch gedotzt: „Ja, hawwisch! Seitdämm geht märr känn äänzische wischdische Termin mehr dursch die Labbe! Isch bin do letschdens vum Leedersche gfalle, hab märr e paar Frakdure zugezooche un war prompt *ään* Daach schbäter schunn uufallversischert! Des nenn isch Taiming!“

Die annre Bebbscher hänn bloß de Kobb gschiddelt: „Oah, do häddschde därr jo alle Greede bresche känne!“

Un: „Unsern Rasemäher is kabudd.“

„Ou, mir brauchen erschd gar känner. Wann eiern rebberiert is, leije märr uns *dänn* ääfach widder aus!“

„Gut, dass märr emol iwwer alles gebabbelt hänn!“

Die klääne Bebbscher lachen un guggen verschweererisch in die gluggsisch Rund. Do finnen als wascheschde Kaffeeklatsche schdadd, wo sisch gewesche hänn. Eschd! Jetzert kummen alle so rischdisch in Fahrt. Regelreschde Weisheite kummen do ans Lischd:

„Isch wollt färr de letschde Kinnergeborrtsdaach Fisch-Schdäbscher un Kardoffelbrei mache. Ei her, die Fisch-Schdäbscher warn ausverkaaft! Häddschd määne känne, dass Bobb un die Welt Geborrtsdaach hot! Hab isch halt Riwwelkuche gebagge. Do häddenärr awwer emol sehe solle, wie sisch die klääne Bebbscher uff moi Riwwle gschdärzt hänn!“

„Oh ja, isch kenn so ebbes! Vor zwee Woche wollt isch rodi un weißi Angorawoll färr Wintermitze zu schdrigge kaafe. Weil se awwer nur noch so e eeklisch grieni Baumwoll ghabt hänn, hab isch uns e schäänes Breddschbiel kaaft: *Bebbsche äjjer disch nit!*“

„Do kann isch gut mitredde! Wie moi Nähmaschin demit aagfange hot, middem Näje uffzuheere, hab isch vor emme ähnliche Problem gschdanne. Isch hab märr dann e paar Bischelscher färr zum Lese kaaft, Hammer, Näggel un e Schraubzwing färr moin Olle, Häkelnoodle un Moheerwoll färr moi Mädels un e kinnergereschdes Bischeleise.“

Un: „Isch war do letschdens bei moiner Farb- un Schdilberoderin. Die hot *aach* gemäänt, isch kännt *logger* rode un schwarze Schdring-Tangas aaziehe, un Pusch-abbs mit Schbitzelscher! Des däät moi Bollerscher ins reschde Lischd rigge! Do däät moin Olle näärschd wärre!“

Alle Kuller-Aage begutachten jetzert gegeseitisch die rund um de Kischedisch hoggende Dekolletés. „Isch aach!“ „Isch aach!“ „Isch aach!“

Do kannschde Wedde druff abschließe, dass die all am näggschde Moije de Unnerbuxe-Lade schdirmen!

Un: „Isch wärr aach immer fedder! Isch brauch jetzert schunn Bebbschergreeß S färr Bliesjer un Greeß 34 färr Reggscher! Isch blatz ball aus alle Näht!"

Die klääne Bebbscher schiddeln die Kebbscher zu emme veroint *NÄÄÄ, des is nit wohr!!*

„Awwer isch hab do so e leggres Rezept färr e noch leggreres Sahnetärrtsche! Is awwer gehoim! Muss isch uubedingt ausprobiere. Ab Mondaach mach isch Diät."

Alle Bebbscher niggen e zuschdimmendes *JOOO, ab Mondaach langt!!,* un klatschen sisch die näggschde Kalorijebombe uff die Dellerscher. Do hoggen awwer nit bloß Sießschnute am Disch! Iwwerzoig disch selwärr:

„… Märr kann Nudle awwer aach mit Kees iwwerbagge! Des macht die Schwesder vun de Mama vun de Katja ihrer Schulfroindin Antje, also die Tande vun de Antje, immer so, wann Nudle iwwrisch bleiwen!"

Un: „Es is wie mimm Gelinge vun Woihnachdsgutsel. ´s klabbt bloß mit *guder Budder*. Mit *ohne* guder Budder brauchenärr eisch iwwer nix zu wunnre. Mit resdlische Nudle isses iwwrischens genauso: Wannärr se mit *ohne* Kees iwwerbaggen, verdriggelt eisch der ganze Schambes. Un dann schmeggen die Nudle wies Woihnachdsgutsel mit wännischer guder Budder. Verschdehner?"

Un: „Uff alle Fäll missenärr die Rindswärrschdelscher oischneide, damit se beim Grille schää knusbrisch wärren. Es handelt sisch jo schließlisch nit um Griesbrei."

Un: „Die Kardoffle färr de Kardoffelsalat missdärr in Wärrfelscher schneide, sunschd gibts Matsch. Un so e Pampe frissd dann widder kää Sau, un ihr bleiwen druff hogge. Dann kännenärr e Woch lang jammre: *Liebling, ´s gibt Kardoffelsalat. Acht Daach lang!* Denken an moi Worrte!"

Un: „Aprobbo Griesbrei: färr Reisbrei dürfenärr awwer känn normale Reis nämme. Do missdärr schunn Milschreis nämme!"

Un: „Ääner vun moine gute Vorsätz färrs Neie Johr is der, …!"

Es folgt e wahri Flut vun gude, bessre, allerbeschde un allerallerallerbeschde Vorsätz. Widder sinn die klääne Bobbeohre hellheerisch worre: „Do nimmschde därr awwer ganz schää was vor! Vun was färr ääm Johr babbelschden eigentlisch?"

„Ou, des weeß isch selwärr noch nit!"

Die Bebbscher lachen erleischdert.

Un: „Jetzert butzt die do driwwe schunn widder die Fenschder! Hot dann die nix bessres zu due? Will die de Rege ruffbeschwöre?"

Un: „Was?! Nausgflooche?! Hab isch därrs nit glei gsaaht? Hädd se norre emol uff misch gheert. Färr so ebbes hab isch de rischdische Riescher!"

Un: „Mama, do, die Sach mimm Klabberschdorsch. Also *isch* glaab jo, dass"

„Kind, wannde nit brav bischd, marrschierschde ab ins Nescht!"

„Awwer isch wollt doch bloß"

„Es langt jetzert, mir hänn genuuch gheert. Ab in die Fall!"

„Ja, awwer"

„Un wannde maulschd, dann … Na wart, de Babba kummt jo glei hääm! Dann kannschde disch uff e Dunnerwedder gfassd mache. Do bassd därr dann kään Schdiwwel mehr!"

Wann de Bebbscherbabba dann häämkummt, liesd er dämm Grewwerd noch e Gut-Nacht-Gschischd am Beddsche vor, un die Bebbschermama schdellt en Bescher Heeßi Schokklaat uffs Nachtdischel. Des Sahnehaibsche is dobbelt so groß wie sunschd als.

Un: „Des is därr vielleischd e Bobbemuddisöhnsche!"

Un: „Unser Karin isses klassebeschde Bebbsche!"

Un: „Die Katja hot zwar e Vier in Mathe, dodefor awwer *vier* Äänser in Deitsch!"

Un: „Der Aagewwer vum Fußballblatz is hogge-gebliwwe!"

„Geil, Mama! Der därf jetzert e Ehre-Rund drehe! Des gschieht dämm Hei-Debb ganz reschd!"

„Katja!"

„Ooch, is doch wohr. Der schbinnt doch! Der hot voll änner renne! Also, wann *ääner* ebbes an de Erbs hot: dann doch wohl *der!*"

„Jetzert langts awwer! Bach mache, Händ wesche, Zäh butze, Genacht."

Un: „Die versaufen noch im Geld!"

Un: „Die hänn Geld zum Fresse! Awwer dodefor hadden *mir* als *Ärrschder* en Farbfärrnseher!"

Un: „Ihr glaabt jo nit, was isch neilisch gheert hab! Also isch hab do jo so e Bekanndi. Un die Mudder vun de Mudder vun moiner Bekannde, also däre ihr Oma, hot en Nochbärr. Un *dämm* soin Bu hot nur *dändewege* e Froindin, weil se em Ex vun ihrer Awweitskolleschin, dänn se re uffm Friehlingsfeschd ausgschbannt hot, schunn nooch wännische Woche schbäter widder in de Arsch getrete hot, wie se de Bu vun dämm

Nochbärr vun de Oma vun moiner Bekannde kennegelernt hot. Verschdehner?"

„Also ja, also näää, was de nit saachschd! Do gerot jo die Bobbewelt aus de Fuuche!"

Un: „Also, wanner *misch* froochen …"

Un: „Isch *habs* jo gewissd!"

Jetzert wärrd in däre klääne Bobbekisch nur noch gepischbert:

„Isch verrot eisch mol ebbes, awwer *ganz* unner uns …"

Un: „Des därf awwer *känner* wisse. Also, horrschen *gut* zu …"

Un: „Also, um die *Wohrredd* zu saache …"

Un: „Also, wann isch *ehrlisch* soi soll …"

Un: „Isch weeß ebbes, awwer halten *bloooß* eier Maul!"

Iwwer des freehlische Treiwe vergessen die Bebbscher als Raum un Zeit. De gut gfillte Kielschrank mimm leggerschde Kees un de beschde Worrschd geht als uff un zu. ´s gibt Salade, Gemies, Obbst, un alle meeglische Sießkram, wo´s uffm Bobbekische-Markt zu kaafe gibt. Des lossd nit bloß Bobbeherzjer hejer schlaache! Isch hadd dänne Bebbscher beim Fuddre immer geholfe! Do is nix iwwrischgebliwwe!

Un, wie gsaaht, die Kischeschdubbe-Schlachde finnen aach heit noch schdadd. Es hot sisch in all dänne Johre nix verännert. Manschmo, wann isch an moiner Bobbekisch vorbeilaaf, heer isch die Bebbscher lache un schnaddre, traatsche un tuschle, klatsche un schmatze. Un dann laden se misch jedesmo ganz herzlisch zu sisch oi. Do kann isch als ääfach nit widderschdehe! Allää schunn vor lauder Neigier un wege dänne ihre Leggerlidäde! Isch hogg dann vor moiner Bobbekisch un schawänzel eifrisch mit. Ei her, isch bin jo grad nit gscheider! Awwer isch schiddel oft moin Kobb iwwer des, was se sisch iwwers Bobbelewe so alles zu verzähle hänn. Do hoggen jo rischdische Traatsch-Weiwer um de Disch rum! Isch kumm als mimm Sorrdiere vun dänne ihre Gschischde nit nooch. Un wann isch märr vorschdell, dass *des* die Schbiggelbilder aus em große Lewe *außerhalb* vun de Bobbeschdubbe sinn, laaf isch ganz rod aah im Gsischd!

Awwer: um *all* des erlewe zu känne, muschde därr jetzert nit uff die Schnell e eigeni Bobbekisch aahschaffe. ´s longt aach schbäter noch! Awwer *aagugge* kannschde därr so Sache. In Museeje, Vitrine un Heftelscher. Ei, Faier Dunner Keil noch emol, dann machs aach endlisch mo!

5

Es gibt viel Schäänes, was märr mache, trääme un lese kännen. Es gibt so viel Bischer un Romane färr jeden Gschmagg. Vun de Tscheehn Oosten iwwer die Elisabedd vunn Annim, de Tscharls Diggens, Schüül Wärrn un de Erisch Kessdner bis hie zu Märscher-Verfilmunge vum Wall Dissneh is alles gebote, was gligglisch macht. Mir gfallen jo die Woihnachdsbuch-Klassiker färr Kinner so gut. Die mit dänne alte, nostalgische Bilder! Oah, wie schää! Siehschde, un rugg zugg sinn märr im Wintergaade vun moinre Seel aakumme. Aach *do* bischde *Herzlisch Willkomme, Froind!*

Es wärmts Herz, wann in de Aweids-Schdubb vum Kneschd Rubbreschd iwwer de Wolke kabuddnes Schbielzeisch rebberiert, Bobbekleeder genäht, klääne Bedd-Degge un Kisse gehäkelt un mit weesche Waddebällscher ausgschdobbt wärrn. Wann allerklännschde Seggelscher un Käbbscher gschdriggt, Bobbehaiser un winzische Bobbeschdubbe-Meewel färr Mädscher un Eisebahne färr Buwe gebaut, gschliffe un laggiert wärren! Do wärrd färr alles gsorgt, damit die Kinner ´s Erwachse-Soi schbielend lerne kännen.

In de Woihnachds-Werkschdadd is de alte, ehrwierdische Belzniggel de Werkschdadd-Meeschder, wo Kinnerträum erfillt. Er is als schunn ganz frieh uff de Bää, weil er mords Uffträäsch hot. Zum Gligg hot er *ix* Engelscher, wo´m helfen. Während se sisch noochenanner mit me Laddärrnsche in de Hand uff de Weg zu ihre Schischd machen, feiert de Belzniggel de Kanone-Ofe aah, damit die klääne, barfißische Helfer schnell widder warme Fißjer krien. So barfuß dursch de Schnee, des kann ganz schää scheiße soi. Mit knallrode Pausbäggelscher kummen se dann endlisch aah, un freehn sisch uffs Friehschdigge mimm Belzniggel, bevor se an die Schbielsache färr die Kinner rennen. ´s gibt Woihnachdsblätzjer mit Zugger-Riwwle, die in de Himmlische Woihnachdsgutsel-Bäggerei gebagge wärrn, un heeßi, dambendi Schokklaat mit honischsießer Sahne, wo se aus große Bescher schlürfen. Un wer flink genuuch is, därf die Riehr-Schissle ausschlegge, bevor se im Gschärrschbielbegge landen!

Es schdreischelt därr doi Seel, wannde zu lese kriggschd, was die Kinner in ihre Woihnachdsbriefscher schreiwen. Die hänn noch ganz normale Wünsch! Ridderburge un Zinnsoldate, Blesch-Schbielzeisch, Baukletz, Dommino-Schdää, Pussels, en Kauflade, e Kaschberle-Theater, e Märschebuch, Malbischer, Wachsmal- un Filzschdifte, Knet, e rodes Doggder-Keffersche mit Bobbe-Arznei un Blaschder, e Badschdibbsche färrs Bobbehaisel, en Bobbewache un e klääni Bobb, e Schoggelgailsche un en eigene Schmuseteddy! Ei, her, is des nit schää? Die schreiwen do *nix*, vun wege Compjuter-Schbiele un Gäimboys, Pläy-Sdäischens un Ninntänndohs! Odder Kohle, bar uff die Krall! Nää, die können noch rischdisch schbiele! Awwer, kännschd Faier kreische: Beinoh in jedem Briefsche wärrd aach an die lieb Mama, an de Babba, an die Oma, an de Hund un an de Oba gedenkt. Un an die gut alt Fraa Nochbärrn mit dämm scheißdreggs Hexeschuss. Un an däre ihrn noch ältre Mann, der bloß mimm Kriggschdogg laafe kann. Un dass de Herr Lehrer un es Frolloin Lehrerin grad nit hiegugge sollen, wann bei de näggschde Klasse-Aweid beim Mitschüler gschbitzelt wärrd. Un dass se aach *dann* wegguggen, wann de eigne Schbiggzeddel unner de Schulbank vorgekruuschdeld wärre muss! Un dass die Note im näggschde Johr gfälligschd besser wärre sollen. Wo käämden märr dann sunschd hie?!

In bunde Seide-Babbierscher oigewiggelt un mit emme schääne Goldschleifsche drum rum wärrn die viele Sache un Säschelscher, wo in de Woihnachds-Werkschdadd entschdanne sinn, uff de Himmels-Schlidde gepaggt un zu de Kinner uff die Erd nunnergflooche. In de Zwischezeit wärrd in de Woihnachdsgutsel-Baggschdubb färrs leiblische Wohl gsorgt. Aach dort schaffen die Engelscher fleißisch Hand in Hand! Nur ´s Neschthogger-Engelsche braucht widder soi Extra-Oiladung:

Husch, husch, die Nacht is rum,
die Sunn schoint schunn, gugg nit so dumm!
Märr missen bagge, viele Sorrde,
färr alle Kinner, aller Orrde!
Es nitzt uns nix, wann du bleibschd ligge,
uff doiner Wolke Nummer siwwe!
Mach schnell doi Händscher foi un sauwer,
dann pagg mit aah beim Schokko-Zauwer!
Die Kinner wünschen Schokko-Taler,
die sinn beliebt im Mailsche aller!
Wannd jetzert hilfschd bis zum Ermüde,
kriggschd zum Lohn du zwee, drei Tüte!

Do hänn die Engelscher awwer ebbes mit uns gemoinsam: märr schaffen *aach* am fleißischsde, wann Dudde, randvoll mit Schokko-Taler, loggen! In de Himmelskisch gibts awwer aach Engelscher, wo ihr Mailsche nit halte kännen, un wo sogar die gehoimschde Gehoim-Rezepte nausposaune missen. Zum Wohl färr uns Mensche!

Ausm warme Baggofe schdrömt Zimtschderne-Dufd. Es rieschd nooch gude Bagg-Gewärrze un leggrem Zitrone-Zuggerguss. Un kääns kann dämm klääne Engelsche wärrklisch bees soi, wo beim Nasche am Blätzjersdeeg, beim Auslegge vun de noch nit ganz leere Schissle un beim Mobbse vun goldgelb gebaggne Gutsjer erwischd wärrd. Do wachsen Berge voll Schlabbefliggereie: Honischmonde, Kakaoblätzjer, Kokoswaffle, Nusstaler, Schokko-Brezzelscher, Walnusstaler un Zugger-Riwwle. Buddergebäggscher mit Eigelb beschdrische, owwedruff Schokko-Schdreisel un bunde Zuggerperlscher. Delikatesse aus Marzipan, Schokklaat un Schellee, mit Zitrone-Zuggerguss verziert un mit silwerne Schderne-Schdaub-Traumkrimmelscher gezuggert. Un Bescher voll heeßer, dambender Schokklaat mit sießer Sahne owwedruff, mit emme bsonnre Schuss Honisch. Un Brauselimo ohne Ende – allerlei Woihnachdsgutsel-Schbezialitäte färr große, färr klääne un färr ganz ganz klääne Schleggermailscher. Do wärrd in Saus un Brauselimo gfeiert!

Ei, her, do kannschde doch nimmi, odder? Isch weeß nit, wann isch zu alt defor bin, misch iwwer so ebbes zu freehe. Isch hoff, nie!!

Kaaf därr de Märschefilm *Pederschens Mondfahrt!* Vum Gärrt vunn Bassd-
der-Witz. Des is känn Witz! Des däät do aach gar nit herbasse. Am
beschde kaafschde därr die Original-Verfilmung aus de Fuchzischer
Johre: Die zwee Gschwisder Anneliese un Pedersche machen uff ihrer
Reis zum Mond en klääne Abschdescher beim Belzniggel, der wo uff de
Himmelswies, wie gsaaht, die Gschenke färr die Erde-Kinner in die Reih
bringt. Die Anneliese un ´s Pedersche sinn hie un weg un futsch, wo se
sehen, wie Bobbe un Bebbscher entschdehen: Am Aafang sinn se noch
arg zerbreschlisch un winzisch, die Bobbekinnerscher. Die wachsen dort
uff de Himmelswies als Bliete vun wunnerschääne Blumme un
Blimmelscher, un de Belzniggel gießt se jeden Daach mit närr Gießkann
voll frischem, sauwerem Wolkewasser. Brauchschd awwer nit määne,
dass des dänne Bobbekleedscher schade däät! Im Gegedeel: die
Kleedscher wachsen *mit,* weil die missen jo de greeßer wärrende Bobbe
aach widder basse! Un erschd dann, wann se all minanner zu färrdische
Bebbscher un Bobbe gereift sinn, wärren se vum Belzniggel gebliggt!

Un *des* soll nit schää soi? Isch bidd disch!

Un hoschde gewisst, dass Maisjer ganz behaglisch wohnen, umgewwe
vun Brombeerbisch? Ach, was hänn die´s dort gemiedlisch! Gugg emol
noi in des Buch vum Tschill Baaklemm! Der tobbt faschd jeden Wall
Dissneh, un *der* is jo schunn mit alle Wasser gewesche. Gnade!
   Do siehschde verworrzelte Baumschdamm- un Hehleschdibbscher,
die Worrzelschdubbe-Bewohner un de ganze Schnigg-Schnagg rund ums
Lewe vun de Maisjer. Du kannschd noch so lang an so emme
uffwändische Bild hogge un gugge: du entdeggschd immer un immer
widder was Neies! Un du lernschd aach ebbes: was de alles *verwerte*
kannschd, was so rings um disch rum wachse dut! Un du lernschd was
iwwers Zammehalte un e gligglisches Middenanner.

Als noch nit schää? Dann brauchschde awwer ball Drobbe! Isch verrobb
märr do färr disch dreivärrdels moi Ärschel, un du grinschd därr ääner
ab. Scheiß doch de Hund noi! Do kriggschdes jo an die Närve!
   Isch glaab, die Drobbe brauch *isch.* Alarm!

Isch wünsch därr, dass därrs geht wie mir, mit all dänne schääne
Traumwelte, die sisch uns newerm Alldaach so reischlisch un liewevoll
aabieten. Loss doi Seel baumle, sie wärrd därrs danke!

41

Les Bischer vun de Ärrma Bommbegg, Ewelin Sanndärrs un Heera Lint. Un nadierlisch die vun däre Pälzer Grott: de Heidi Groh-Ott! Die finschd unner www.hgo-teddorius.de, in Bischerläde un im Indernedd.

Des wärrzt doi Lewe! Du kannschd herzlisch lache, un de oftmols graue Alldaach wärrd zu emme bunde Abentoier. E Weisheit ausm Orient lehrt uns, dass Perle nit am Schdrand liggen. Wammärr ääni hawwe wollen, missen märr nooch re tauche!

Du kannschd e Perl nur dann finne, wannde nooch re suchschd. Un wannde e klääni Perl gfunne hoschd, was glaabschden, was bassiert? Isch saach därrs: Sie will die Greeschd un die Schännschd färr disch soi!

Les awwer aach emol Reise-Berischde vun de Änni Haaws, vum Timm Paaks un vum Pidärr Määyl. Des sinn so Frankreisch- un Iddaalje-Frieks. Die erzählen in ihre Bischer vun de Bsonnerheite un Eigenheite iwwer Land un Leit, die wo se dort kennegelernt hänn. Des sinn Erfahrunge, die finschd in kääm Reisefiehrer!

Warum isch därr awwer aach immer un immer widder Bischer uffs Aag drigge will? Weils disch gligglisch macht. Isch weeß jo nit, ob du des schunn gewisst hoschd. Deswege *saach* isch därrs jo! Nämm doi Lieblingsbuch un hogg disch naus in de Gaade. Wärrschd sehe, dass de Gaade un doi Buch middenanner weddeifern wärren, *wer* vun dänne zwee därrs meischde Gligg bescheert! De *Gaade* is en gute Froind, e *Buch* is en gute Froind – die Kommbinazion aus Gaade *un* Buch, des is, des is, oah!! Ja, was isses dann? Des is Gligg pur!

Du hoschd kään Gaade? Dann such därr ääfach e gemiedlisches Blätzel. Im emme Park. In doim Hof. Uff de Terrass. Uffm Ballgohn odder de Loddschja. Uff doiner Kautsch. In doim Lieblingssessel. Vun mir aus aach in doim Bedd.

Odder uffm Kischeschduhl newerm Kischefenschderbredd mit doine Kraiterdibbscher un de Gewärrzdeesjer.

Odder in doiner heeße Badwann mit Lawendel-Schaum. Des is Urlaub vum Daach! Selbschd e klitzekläänes, gemiedlisches Egg in doiner Schdubb kann zu närr bliehende Wies färr disch wärre. Probiers ääfach emol. Wärrschds jo dann schunn sehe!

E Buch will immer doin Froind soi, e gut rieschendi Blumm, en wärrzische Froide-Schbender. En Tschoy-Sdigg, quasi. Was willschden mehr?

Moi Bischer belaachern riesische Wiesefelder in moim Seelegaade. Isch wärr awwer *noch* e paar Lese-Egge schaffe. Zwische Obbstbääm,

Schdraischer, Blumme un Bisch, mit ääm vun dufdende Rose umrankte Lese-Pawilljong. Falls emol e Weltunnergangswedder nunnergeht. Lese is die Oitriddskart färr in Traumwelte. Märr kännen uns selwärr in Bischer widderfinne. Märr kännen aach schbannende un lusdische Gschischde schreiwe. Die Figure sehen so aus, wie mir se uns selwärr vorschdellen. Die hänn Schdimme, die se vun uns kriggen. Alles sieht so aus, wie *mir* des wollen: die Landschafte, die Orte, die Leit, ääfach alles. Die Buchschdawe verwandeln sisch in unnerschiedlisch klingende Wärrter, die, zu Sätz annenannergereiht, zu Märscher, Romane, Erzählunge un zu Fantasie-Reise wärrn. Mir kännen in närr Traumwelt rumsause, do däät uns jeder Astronaut drum beneide!

Kannschde därr e Bischer-Schdadt vorschdelle? Märr kennen jo nur Schdädt mit Kaufhaiser un mit allem, was e Schdadt so ausmacht: Lewensmiddelgschäfte, Klamodde-Buddigge, Schlabbe-Schubbe, Ään-Oiro-Schobbs, Schambes-Läde, Noowl-Tämpel, Supermärkt, Baumärkt, Bleedmärkt, Geilmärkt, Meewelhaiser, Baschdel-Lädscher, Marktblätz, Kioske, Banke, Büros, Ärztehaiser, Händy-Aalaufschdelle (*Ou, Du* schunn widder?), Änn-Kaa-Dee- un Dschiebo-Filliale, Fän-Schobbs, Zeidungs-Schdänd, e klää Buchlädsche. Oah, wie schää wär des, wann all die Inschdiduzione in *ääm* äänzische, riesische Gebäude unner *ääm* Dach veroint wären, quasi in rer Oikaafs-Passahsch! In de *iwwrische,* jetzert leer worrene *ix* Gschäftshaiser midde in de Schdadt dääden sisch lauder Bibliotheke mit *allerlei* Liddradur färr jeden aasiedle! Ääfach emol de Schbieß rumdrehe un es Klääne, ´s Buchlädsche, ganz groß wärre losse! Schdunnelanges Buch-Schobbing in *ix* Bude genieße, Bischergschäft an Bischergschäft, un mit zwee Oikaafswegge voll Liddradur de Kofferraum vun emme geliehene Liwwerwagge voll schdobbe, un uffs ruhische Land zuriggfahre. Isch wär bei *dämm* Umbau sofort tatekräftisch debei!

Liewi Froindin, liewer Froind! Vielleischd gfallt därr des jo gar nit, was isch do so alles vum Schdapel loss un disch zulaawer. Awwer weil *des alles* moi Lewe so bereischert un misch selwärr so froh macht, deswege hädd isch gern, dass därrs genauso geht. *Freehe* sollschde disch, Näggschder! Faier Dunner Keil noch emol! En Mensch braucht e Hobby, e sinnvolli Freizeitbschäftischung, sunschd wärrd er zwangsloifisch komisch. Such därr in aller Ruh ebbes Gudes aus, wärrschd schunn was finne. Du bischd uffm rischdische Weg, wann sisch des, was de dann in doiner Freizeit machschd, belebend uff disch auswirkt! Versießß därr ruhisch emol doi Lewe. E Hobby is wie en Froind. Es verschafft därr Zuflucht un Entschbannung. Es bereischert disch mit Ausgeglischeheit un: mit Freehd!! Dodezu is es do. Es is wie mit de Schderne: Je länger du zum klare Nachthimmel nuffguggschd, umso mehr Schderne siehschde! Jeder äänzelne Schdern schdrahlt färr disch. Du kannschd doin eigene Schdernehimmel hawwe, an dämm nur *die* Schderne leischden, die wo *du* därr in doi Lewe holschd. So ääfach is des! Je uffgschlossner un freehlischer du mit doine Schderne un ihrm Glanz umgehschd, umso brilljannder wärrd jeder äänzelne färr disch schdrahle. Du wärrschd uff äämol alles entdegge, was schää un gut färr disch is. Du wärrschd wunnerbare Orte finne, in dänne wunnerbare Leit lewen. Loss därrs nit zu viel soi, efter wo hiezugugge, wannde ebbes Schäänes nit glei beim erschde Mol als was Schäänes entdeggschd. Mach därr nit in die Hosse, des is normal! Es is wie mit de Schderne im Dunkle – du siehschd immer mehr devun, je länger du nooch owwe guggschd. Probiers! Un loss die Mensche ihr unnerschiedlischsde Hobbys pflege, also ihr eigene Schdernscher poliere. In jedem Mensch schdrahlen Gliggs-Schderne. Un jeder Mensch is soin *eigne* Gliggs-Schmied! Des is e uralti Weisheit.

Isch pärrseenlisch mach märr jo zum Beischbiel iwwerhaupt nix aus Kunschd-Blumme, un schunn gar nix aus Zinnsoldate, Briefmarke odder Kakdusse. Awwer es gibt Mensche, die dänn Schambes so liewen wie isch moi Bobbe un Bärscher, moi Plüschtiere un Bischer. Aller! Un wann märr ääner emol Kunschd-Blumme & Co. schenke sollt, weil em des selwärr so gfallt, dann halt isch moi Maul un freeh misch, dass derjenisch *mir* e Freehd mache wollt. Es sinn *soi* Schderne, wo färrn schdrahlen! Un wann er dänn Glanz un des färr ihn selwärr dodemit verbunnene Gliggsgfiehl an misch weidergewwe will, ei her, wie schää! Isch verschenk jo aach am liebschde e Schdernsche, weils Sinn macht. Un *des* is die ganz Grux an däre Gschischd: ausm Herz muss es kumme!

De Liewe Gott will, dass därrs gut geht. Bau därr e bescheideni, klääni Hidd uff feschdem Grund. Des is besser wie es großes Haus, wo uff Treibsand schdeht. Des kannschde ruhisch als Simmbohl färr doi ganzes Lewe betrachte!

Isch wünsch därr schääne, gemiedlische Feierowende; allää odder zu zwedd odder zu dridd odder mit emme ganze Schdall voll kloorer Leit. So, wie därrs halt gfallt.

Isch wünsch därr awwer zwischenoi aach emol die zweisam Oisamkeit, die isch pärrseenlisch bsonners lieb un schätz. De Klaus un isch zelebrieren die jedesmol wie en Feierdaach!

Isch wünsch därr Freehd an Gottes Worrt. Vun mir aus in emme große Kreis vun Leit, odder in emme klääne. So, wie därrs gfallt. Isch wünsch därr Gebets-Erfahrunge. Ganz färr disch allää, gemoinsam mit doim Schatz, doim Froind, doiner Froindin, doiner Familie. De Liewe Gott is därr immer un iwweraal nah. Er zeigt sisch därr, wannden suchschd!

Un willschde emol 's pure Lewensgligg ernte? Dann machs wie isch: Zieh därr Wuschelsogge aah, hol därr e Kuscheldegg, bewabben disch mit emme Glas Woi odder närr Tass Ladde Mackjato, un dann ab mit dämm ganze Gelumps uff die Kautsch! *Geil!!!* Mit däre Gemiedlischkeit ausgschdaddet kannschde disch erhole, de Daach Rewüü passiere losse, de näggschde Daach plane, doi Lewe ordne, lese, ausruhe, trääme. Des bewusste, selwärr gschdeierte Trääme am Daach kann schänner soi als des uukontrollierbare Trääme in de Nacht. Wie oft bischden schunn schweißgebaade iwwer emme bleedsinnische Albtraum uffgewacht?! An doi Tagträum hingege kannschde disch jederzeit widder drahklemme un en kloore Film draus zammeschbinne. Inhalt, Läng un Gliggsempfinde beschdimmschd *du* ganz allää. Uff doiner gemiedlische Kautsch kannschde Urlaub vum Daach mache. Do kannschd aach erkenne, dass de nooch emme Muschder gschdriggt worre bischd, mit dämm de Liewe Gott disch als e ganz eigni, gelungeni Hand-Aweid gfärrtischd hot. Was saachschden dodezu? Du bischd e Unikat! Wie e Schneeflogg! Du bischd mit de verschiedenschde Gabe, Vorliewe un Karaggdeere, mit etlische Schdärke un Schwäsche ausgschdadd´, mit de unnerschiedlischsde Empfindunge im Vergleisch zu emme jedem annre Mensch.

Mach *nix*, was därr nit gfallt. Odder was därr e schleschdes Gewisse mache kännt. Mach Gutes. Mach Gutes in dämm Maß, wo de kannschd. Es hilft me annre!

Gugg därr schääne Filme aah. Die in schwarz-weiß, odder aach die erschde farwische aus de gute alte Zeit, wo die Bilder laafe gelernt hänn! Heit gibts jo faschd nur noch e Närve-uffreiwendi Zebberei am Färrnseher, e rischdisches Ge-riwwers un Ge-niwwers, weil uff sechsevärrzisch vun noinevärrzisch Kanäl meischdens nur Schrodd kummt. Hoinz Ehrhadd is kloor, de Lorrijoo un die Ewelin Haamann, de Ruddi Karrell, de Diedärr Krebbs, de Hoinz Riehmann un de Pedärr Alexandärr. Um nur e paar vun de wärrklische Kinschdler zu nenne.

De Mjuusiggel-Märschefilm *Märry Pobbins* vum Wall Dissneh mit de Tschuulie Ändruus un em Digg van Daik ausm Johr 1964 is aach färr große Leit en Ausfluuch in e wunnerschääni, bundi Traumwelt, wo Tiere un Mensche middenanner babbeln un e ganz vorbildlisches, mit viel Harmonie geprägtes, gemiedlisches, schäänes gemoinsames Lewe lewen! Un wammärr grad bei Märscherfilme sinn: *Isses Lewe nit schää?* mimm Tscheehms Sdjuart un de Donna Riehd ausm Johr 1946 treibt därr die Träne in die Aage, so schää is der. Des is so rischdisch ebbes zum Seele-baumle-losse!

Gugg därr Reise-Berischde aah iwwer doi Lieblingslänner, un loss disch vun dänne ihre gude Tibbs rund um Gemiedlischkeit, Kultur un Kulinarischem aahschdegge! Kaaf därr e Buch dezu, vun mir aus sogar zwee.

Dänn Bade-Aazuuch, wo die schää iddalljäänisch Fraa in däre Rebborrdaahsch am Schdrand zum Beschde gewwe hot, kännd aach *disch* uffpebbe! Vielleischd in närr annre Farb, damits nit ganz so noochgemacht aussieht. Kaaf därr änner, un dann fiehrschde des gude Schdigg bei de näggschde Gelegenheit am Schdrand, am Baggersee odder im Hallebad vor. Des wärrd nit nur de annre en schääne Aabligg bescheere, es wärrd aach doi Selbschdwertgfiehl in die Heh schieße losse!

In emme weiße Bissnesshemd mit hochgekrumbelte Hemdsärmel zu närr ausgeweschene Tschiens, mit *ohne* Krawadd un die drei owwerschde Hemdsknebb uff, ähnlisch wie de rassische Sizilljaner uff de piazza, wärrschd aach du in doiner Freizeit wie en knaggisch frische Abbel aussehe! Du wärrschd doim Mädel Abbedidd zum Aabeiße mache. Die wärrd iwwer disch herfalle! Aller hobb, drah! Sei nit bleed!

Heer därr schääni Mussik aah, verschigg emol widder en handgschriwwene Brief odder e selbschd gemachdi Poschdkart! Es macht so viel Schbaß! Gude Gschbräsche, bis in die Nacht noi, wanns disch fesselt. Un zamme mit doim Liebschde bete – des baut uff un erfrischd!

Awwer loss uns grad nochmol uff moi Lieblingswies dabbe, uff die Wies mit dänne viele Bischer. Die sieht aus wie ään mit viel Lieb un Sorgfalt gepflegte Park. Des is en Bischerpark, sozusaache! Du sollschd Bischer gern hawwe. Aarisch arg, sogar! Awwer ´s „Buch der Bischer“, die *BIWEL,* sollschde liewe lerne! Die schdammt noch aus de gude, alde Zeit! Die is gfillt mit Vorschlääsch färr e gsundes, gudes Lewe! In de *Zeeh Gebode* finnen märr e korzi Zammefassung färr so e Lewe. Des is die Kernaussaach vun de Biwel. Die is korz, färr jeden zu verschdehe, in ihrm Inhalt äänzischardisch, uuiwwertrefflisch un saugut – en liewe Froind halt!

Die Zeeh Gebode sinn quasi was ganz Bsonneres. Wie e Sonderaagebot. Die sinn aus Lieb zu dir entschdanne! De Liewe Gott will nämmlisch doin Froin soi.

De Liewe Gott will doin Froind soi!

Ei, her, des geht doch dursch un dursch! Loss därr des emol uff de Zung zergehe! Des geht nunner wie Ehl! De Liewe Gott will mit dir zamme in doim Seelegaade wohne. Boah ey!! Er will Soi rundrum gudes Gsetz in doi Seel blanze, un in doi Herz will Er ´s schreiwe! Des kannschde noochlese: in Hebräer 8 Vers 10.

Er hot uns gude Maßschdäb gewwe, wo unser Gewisse schärfen un wo uns beim Oriendiere im Lewe weiderhelfen. Er iwwerlosst uns nit irgend emme Schiggsal! Er hot alles defor gemacht, dass märr vum Beese erreddet wärre männen. Dursch die Lieblischkeite mit Soim Liewe Sohn Jesus! Iwwerlegg därrs gut, ob de des Aagebot wärrklisch mit de Zeidung zum Altbabbier schmeiße willschd. Isch glaab, des machschde nit. En greeßre Liewesbeweis wie des, was domols abgange is, gibts nit. Do suchschde vergeblisch. Do finschd nix, was dämm nooh kääm odder wassen sogar noch tobbe kännd. Jesus hot sisch *aach* an die Gebode gehalte! Er hot sogar gsaaht, dass wammärr Soi Gebode halten, dass märr uns Soinre Lieb sischer soi männen! So wie Er selwärr die Gebode vun Soim Himmlische Vadder halt, un sisch Soiner Lieb sischer is!

Des kannschde aach widder noochlese, falls de Zweifel hoschd. Un weils so schää is: in Johannes 15 Vers 10.

Isch kanns nit ab, wann sisch Leit ihr eigni Religion schdriggen un se dann versuchen, mir aus dämm Geworrschdel en Schdrigg zu schdrigge. Verschdehschde? Bloß ääh Beischbiel: Wie de Liewe Gott uns in Soiner uuendlische Giet Zeeh wunnerbare Aagebote gemacht hot, dann *warn* un *sinn* des kää Noin un aach kää Elf, sondern Zeeh. Nooch wie vor! Un die sinn aach vum Inhalt her, wie se sinn, un nit annerschd. Mann!! Do kännt isch ausraschde. Do geht moi siedländisch Tembrament mit märr dursch. Un schunn wärrd dischbeddiert! Ei, Faier Dunner Keil noch emol, was lesenen dann die färr e Biwel? Die männen doch nit ihr eignes Gsetzbuch schreiwe un de annre uffs Aag drigge! Dann wunnern se sisch, wanns en schleschd geht. Wie bleed, wo´s doch so ääfach geht!

Wann uff de Gass die Ambel rod wärrd, bleiwen se doch *aach* schdehe! Die meischde jedenfalls. Des sinn doch Vorsischtsmaßnahme! Vun emme gude Bollizischd emol oigfiehrt! Wer uff eigni Fauschd weiderlaaft, braucht sisch nit zu wunnre, wanner vum Panser iwwerrollt wärrd. Wanns widder grien wärrd, männen se weiderdabbe. So viel Zeit un Gribbs muss märr doch hawwe! Odder an de Abschberrung vun emme Felsvorschbrung: do bleibt märr doch schdehe! Ään Schridd weider, un die sausen nunner! Machen ääner uff Seeschel-Fliescher! Uff gut Deitsch: Bass´ doch uff!! Rod un Grien, des is en *mords* Unnerschied! Un e gudes Beischbiel dodefor, dass märr am Vorgewwene nix riehre sollen. Alles annre hot Riesigge un Newewirgunge. Awwer riesische, moin Liewer! Do brauchen se dann en Arzt *un* en Abbedeeger! Do basst en kää Brill mehr! ´s gibt jo nit ummesunschd Rischdlinie. Gut gemäände noch dezu! Do brauch märr doch kää Abidur! ´s langt, wammärr heere odder lese kann. Odder beides. Un kabbiere, nadierlisch!

Die sollen misch mit ihre Färrz in Ruh losse. Wann se ebbes wisse wollen, männen se misch ruhisch frooche. Awwer die sollen bloß uffheere mit Besserwisserei, wammärrs nirgens in de Biwel noochlese kann. De näggschde, wo märr quer kummt, dämm drigg isch – nää, nit die Fauschd ins Gsischd! – dämm drigg isch moi *Seelegaade-Buch* in die Flosse un geh ääner schligge. Des is nämmlisch besser wie Ranzeweh un Maachedrigge!

Em Liewe Gott Soi Worrte sinn eewisch gildisch. Was Er emol gsaaht hot, bleibt färr immer beschdehe. Selbschd *ääh äänzisches* Verschbresche vunnem gilt eewisch. Un jetzert iwwerlegg därr emol: Soi Buch is *voll* devun! Er hilft därr immer. Legg alles in Soi Händ, do isses am beschde uffgehowe. Wannde bete duuschd, heert Er disch. Such Antworde zu doine Frooche nur bei Ihm. Antworde, wo du därr nit aus *Soim* Machtbereisch holschd – saache märr emol, zum Beischbiel iwwer Schbiritisdische „Besserwisser" odder noch Schlimmre – sinn all minanner verlooche un gfährlischer als wie Droge! Die Macht vum Beese is nit zu unnerschätze. Awwer wie bschitzt un geborge dürfen märr uns wisse, weil de Liewe Gott *alle Macht iwwers Beese* hot!!! Vertrau uff dänn klasse Gott, dämm Soi Kind *DU* soi därfschd! Er wärrd disch dodefor belohne!

Un mit Soim Liewe Sohn Jesus wärrd doi Lewe perfekt! Der will *aach* in doim Seelegaade wohne. Un gemoinsam mit dir Sache drin aalegge, die doin Gaade noch schänner, noch bunder un noch dufdender gschdalden. Do muschde noch nit emol e Gaade-Talent soi. Er hilft därr beim Aussuche, beim Aalegge un beim Hege un Pflege. Isch selwärr bin jo aach bloß e Schdadt-Schnegg – un trotzdämm is märrs gelunge, moin eigene Seelegaade so zu gschdalde, dass isch misch sauwohl drin fiehl! Iwweraal isses bunt, dufdisch un schää. Do lewen aach all moi Hobbys! Isch geh gern in dänn Gaade naus, un des, obwohl isch als e absoluti Schdubbe-Hoggern bekannt bin. Alles Schääne un Gude fasst in moim Gäärdsche Worrzle. Leider awwer *aach* es Uukraut. Es däät misch jo an un färr sisch nit schdeere, awwer wanns aafangt zu schdesche, isses bei mir vorbei.

Im iwwertraachene Sinn is Uukraut e Simmbohl: Mensche, die ääm schwer zu schaffe machen! Die tauchen *immer widder* uff, sinn meischdens nur uff ihrn eigne Vordeel bedacht, mansche gehen sogar iwwer Leische. 's Uukraut im *Gaade* kämmärr ääfach rausrobbe. 's „Mensche-Uukraut" kämmärr jedoch nit so ohne weideres uff de Kommboschd schmeiße. Uukraut is *Lewe*. Schmarotzer un Konnsorrde um uns rum lewen *aach*. Un schdeschen uns mol mehr, mol wännischer. All minanner sinns Gottes Gschöpfe. So weit waren märr jo schunn emol. Allerdings missen märr zerschdörende Oifliss, die annre in unser harmonisches Lewe bringen, nit dulde! Do gilts, die Rot Kart zu zügge!

Isch muss also in moim Seelegaade em „Uukraut" *dort* Paroli biete, wo's moine Blumme, moine Froinde un mir Luft, Wasser un Lischd zum Lewe nimmt! Isch därf Dischdle schdehe losse, awwer isch muss misch un moi Liebschde vor ihrer schdachlische Bliet bschitze! Die kännen uns ganz gemoin zusetze, wann isch nit uffbass! Isch därf se sogar an de Worrzel pagge un höflisch, awwer beschdimmt aus moim Gaade entferne, wann se misch un moin Seelefriede noochhaldisch schdeern odder sogar verletzen. Isch muss kää Neschtbeschmutzer dulde! In käänre äänzische Lewenslaach. In *kääm* Beet vun moim Seelegaade. Die sollen wo annerschd ihr Uuwese treiwe. Do, wo's kääns schdeert. Odder unner ihresgleische. Färr alle annere gilt nooch wie vor:

Herzlisch Willkomme, Froind!

Isch bin rischdisch froh dodriwwer, dass moin Seelegaade mit all soine farwefrohe Lieblischkeite *heit* schunn en klääne Vorgaade zum Paradies is, wo de Liewe Gott un liewe Froinde schbaziere gehen! Des erfüllt moi Herz mit Dankbarkeit un mit lauder nitzlische Wünsch färr disch!

Isch wünsch därr, dassde *Danke* saache kannschd! Em Danke eilt oft Freehd voraus! Isch wünsch därr die selb Zufriddeheit, die isch färr misch aus moine Hobbys, aus moine liebschde Bschäftischunge, un nit zuletzt aus moim Lewe mit Jesus schebbe därf! Er freeht sisch mit uns! Isch will därr emol saache, iwwer *was* Er sisch alles middärr freeht:

Wann därr en selbschd gebaggene Kuche gelunge is. Ganz bsonners dann, wanns Bagge nit grad zu doine Lieblingsbschäftischunge gheert, wie des bei mir de Fall is.

Wannde e leggres Esse gekocht hoschd, un wannde disch uffs Fuddern freehschd.

Wannde e Ti-Schärrt gfunne hoschd, wo endlisch zu doine Lieblings-Tschiens basst wie kää anneres in doim iwwerfillde Klamoddeschrank! Un e Paar bassende Schuh dezu.

Wannde Obbst un Gemies aus doim Gaade holschd. Odder doi Tomate vum Ballgohn, de Schniddlaach ausm Ballgohn-Blummekaschde un die Erdbeere ausm Hängebeet iwwerm Ballgohn-Geländer. Er freeht sisch iwwer jedes äänzelne Dibbsche mit frische Kroiter un iwwer jedes äänzelne Gewärrzdeesje uff doim Kischefenschderbredd.

Wannde e Voggelhaisje im Winter naushängschd. Färr unser klääne, gfiederte Zwitscherfroinde. Damit se im Winter en gedeggde Disch hänn un e Dach iwwer ihre zarde Fedderkebbscher.

Wannde doi Kind liebschd.

Wannde en verantworrtungsvolle Umgang mit Mensche un Tiere un de Naddur pflegschd.

Wannde disch iwwer e neiji Errungeschaft färr doi Sammlung freehschd. Zum Beischbiel iwwer e Buch. Un wannde e längschd vergriffni Ausgab irgendwo hoschd beischleefe känne.

Wannde e neies Bebbsche färr doi Bobbeschdubb gfunne hoschd, odder en weidere bärische Wuchtbrummer färr doi Teddyfamilie, odder en bsonners schääne Waggong färr doi Modelleisebahn.

Wannde in doine Hobby-Baschdelei uffgehschd odder in doim handwerklische Gschigg färr Haus, Hof un Gaade.

Wannde Ersatz-Deele hoschd ufftreiwe känne färr doi Fahrrad odder färr sunschd ebbes, was de liebschd.

Wannde därr dursch emsisches Schbare ebbes lang ersehntes endlisch hoschd leischde känne!

Wannde e eigni Gschischd hoschd schreiwe känne. Wann disch doi eigene Bilder zum Ausbaue vun Gschischde animiern. Odder wann disch Gschischde dodezu reizen, die zum Text bassende Bilder selwärr zammezuschdelle un zu knibbse. Wo dann doi Gschreibsels unnerschdreische un uffpebben! Des kann gehe bis hie zum Verkaafe!

Wann därr de Versuch, mit Farwe zu experimendiere, e Bild gelunge is, un du dodemit zu was bleiwend Schäänem uff däre Welt beigetraache hoschd. Her, probiers doch ääfach emol aus! Wannde iwwerhaupt kää Mal-, Schreib-, Theater-Dirreggder- odder Rumknibbs-Talent bischd, kannschde immer noch frieh genuuch widder demit uffheere. Awwer die Meeglischkeit, do vielleischd ebbes neies, großardisches un Schäänes färr disch entdegge zu känne, sollteschde nit uugenutzt losse!

Aller Aafang is schwer. Isch weeß, vun was isch babbel! Mir selwärr fehlt zum Beischbiel beinoh jeglischi Geduld zum Baschdle odder Hand-Aweide. Boah! En Knobb widder aanähe grenzt färr misch schunn an e Zumutung. Vum Lescher-Schdobbe ganz zu schweige, des kummt äänrer Körberverletzung reschd nooh. Un trotzdämm reizt's misch, ääfach emol zu probiere, ob isch nit *doch* en erschde klääne Teddybär selwärr nähe kann. Aweidsmaterial hab isch schunn seit längrem dehääm. En Name hot der Knoddelkäwwer aach schunn: Karlsche. Awwer isch misst märr quasi selwärr emol in de Arsch trete känne. Schaffe hot nämmlisch ebbes mit Erwet zu due. Nit dass isch des nit wollt, awwer wann isch e Noodel zwische die Finger nämme muss, isses vorbei. Isch seh awwer, es *kännt* klabbe. Isch muss es nur wolle. Dann wärrds aach was mimm Knobb-Aanähe un mimm Lescher-Schdobbe!

Es sinn jo oft die klääne Sache im Lewe, wo die meischd Freehd machen. Als Kinner hämmärr uns iwwer jedi Klännischkeit freehe känne. Märr sollten des Kind in uns ääfach widder entdegge. Frooch emol e Kind, ob's en Schdern beriehre kann! Willschde wisse, was der klääne Grewwerd därr färr e Antworrt gibt? Er wärrd mimm Kebbsche nigge, wärrd sisch uff de Bodde legge un de Boddem schdreischle. So, als wär des es Normalschde uff de Welt. Ja, die Erd *is* en greifbare Schdern färr uns! Mache märrs doch dämm klääne Banggerd ääfach nooch!

Isch sollt em Karlsche un mir e Schance gewwe.

Her, weeschde was? Es erfillt moi Herz mit Gliggseelischkeit un mit emme wohlische Kribble wie Brauselimo im Bauch, dass isch därr des heit alles emol verzähle därf. Frei vun de Lewwer weg, ab uffs Babbier, un hoffentlisch voll in doi Herz noi! Kreisch Faier, wie schää!

Loss uns aach an die *arme* Mensche denke. Loss uns Gudes due in dämm Maß, wo märr kännen. Es hilft me annre! Isch wünsch därr, dass doi Gemiet so sunnisch is, dass es aach in uubequeme Sidduazione an Wärm nix oibieße muss! Es is manschmol uubequem, emme Beddler zu begegne odder ääfach annem vorbeizudabbe. Wannde emme Beddler e Minz gibschd, dann is die Freehd im Himmel awwer groß! Färr 55 Sännt kann er sisch schunn e Brezzel kaafe! Wann drei odder vier Leit was gewwen, kann er noch e Kola dezu trinke, odder e Biersche. En Beddler wärrd disch kaum ärmer mache, als wie de selwärr bischd. Wärrschd kaum am Hungerduch naache misse! Schdell därr emol vor, du gibschd drei Beddler ebbes: des wärn färr drei Brezzle noch kää zwee Oiro! Do *schbarschde* noch! Die Freehd, wo im Himmel iwwer doi Hilfsbereitschaft herrschd, wärrd uff *disch* iwwergehe. Es geht gar nit annerschder: die Himmlisch Freehd is aahschdeggend! Du brauchschds wärrklisch bloß emol ausprobiere! Es gibt zwar aach Betrieger unner de Beddler, awwer Haudehge gibts iwweraal. Des sinn *aach* bloß arme Mensche. Arm im Geischd. Guggen in die Aage! Mach därr nit allzu viel Gedanke dodriwwer, ob´s e wärrklischi Not is odder ob der Kerl bloß zu faul zum Schaffe is, was en dezu bringt, die Hand uffzuhalte. Iwwerloss im Betruuchsfall e *wahrschoins* resultierendes schleschdes Gewisse *dämm selwärr!!* **Der** muss es mit soim Schöpfer ausmache, nit du! Denk ääfach, was unsern Herr Jesus dodezu gsaaht hot. Dass des, was märr ääm vun Soine geringschde Brieder getaa hänn, *des* hämmärr *Ihm* getaa! Schdeht in Matthäus 25 Vers 40. Un dass märr die Hilf, die märr ääm vun de Geringschde verweigert hänn, *die* hämmärr *Ihm* verweigert! Matthäus 25, 5 Verse weider. Vers 45.

Moi liewi Näggschdi, moin liewer Näggschder, liewi Froindin, liewer Froind – isch will, dass de *ääns* weeschd:

> *Du bischd en liewe Gedanke*
> *vum Liewe Gott!*

Wann därr des noigange is, dann macht disch des froh. Un wannde des in doim Lewe beherzische kannschd, dann wärrschde gligglisch!

6

Wie isch so an moim Buch iwwer moin Seelegaade gschriwwe hab, is e neies Rosebäämsche drin gewachse. Es hot frische, zarde, lachsrode Bliete. E Sorrd, wie isch se dort bis jetzert noch nit vorgfunne hab. Des Rosebäämsche basst zu uns wie die Fauschd uffs Aag! Im iwwertraachene Sinn nadierlisch. Schbrischwärrtlisch, quasi. Es sieht schää aus, isch wills hege un pflege. Sogar neie, dufdende Fressjer zieren des Goldne Portal zum Schlosspark, wo de Liewe Gott thront. Es is oiladend un wunnerschää! Kumm uns bsuche, so oft de willschd! Bring ruhisch aach doi Froinde mit – wännde grad im Schlebbtau hoschd. Uffm Disch im Lese-Pawilljong, der wo midde uff moiner große Bischerwies schdeht, liggen viele Exemplare vun moim neie Buch. Soin Tiddel heert sisch rischdisch knussber un vielverschbreschend aah:

Mach emol Urlaub
in moim Seelegaade

Es is noch druggfrisch. Un es bsitzt sogar e klääni, awwer ganz bsonnri Eigenschaft: ´s kann babble! Isch hab sogar geheert, wies laut gerufe hot:

„Isch will zu DIR!"

Vielleischd bin isch bloß e kläänes Lischd; awwer immerhie hot selbschd e kläänes Lischd die Eigenschaft, zu loischde! Schunn die Flamm vun närr klääne Kerz macht e Schdubb hell, die *ohne* Flamm bei Schdromausfall im Dunkle ligge däät.

Moin Ufftraach heeßt: „Heidi, lieb doin Näggschde wie disch selwärr!"

Liewer Gott, ja, des will isch! Isch wünsch moim Näggschde alles des, was isch märr selwärr wünsch:

Isch wünschem ´s Allerbeschde!

Erhältlich im Buchhandel,
in den Online-Buchshops
(z. B. libri.de, amazon.de,
Schweizer Buchzentrum sbz.ch)
und natürlich im BoD-Online-
Buchshop!

52 Seiten
ISBN 978-3-8391-4330-8
Verlag: Books on Demand GmbH

Des is e Pälzer Verzählsels iwwer Woihnachde aus de Kinnerzeit in de Siebzischer Johre. So wie märrs dehääm als gfeiert hot. Mit de ganze Bagahsch, mit de Oma, mimm Hund un mimm Oba. So wies war in re Aweiderfamilie mit viele Grewwerde, un ohne viel Färrz. Do warn die vum Babba aus Zigarrekischdelscher (der hot nämmlisch emol geraacht wie en Schlot!) selwärr zammegeworrschdelde Bobbehaiser mit viele urgemiedlische Schdibbscher drin, un die dodezu geheerische Bebbscher un Teddybärscher *des* Lieblings-Schbielzeisch vun dänne klääne Banggerde schleschthie. Die Mama hot als noch ganz klääne Kleedscher färr die klääne Bobbekischebebbscher un Degge färr dänne ihr Bobbebedde ghäkelt. Un sie hot Kleedscher, Aaziegelscher, Käbbscher, Seggelscher un Unnerhesselscher färr die große Bobbe gschdriggt. Des war e Gaudi! Un wie se färr Woihnachde als es Woihnachdsgutsel gebagge hot, hots aach immer Breedscher, Kuche un Brezzle färr die Bobbekisch gewwe.
Färr die Buwe hot de Babba e elektrischi Eisebahn gebaut un e Cowboyschdadt aus eschdem Holz. Wie die dann noch mit tübbische Wild Wesd-Farwe gschdrische worre is, hoschd eschd gemäänt, du bischd beim Ould Tschädderhänd. Odder beim Leddersogge. Un beim Tschinggatschgohg. Kännschd Faier kreische!
Un weils in re Aweiderfamilie nie rischdisch Kohle gewwe hot färr zum Verdummbaidle, hänn die Grewwerde in die Triggkischd gelangt un hänn sisch unner annrem viele Schbielsache selwärr gebaschdelt. Des hot nit nur dänne ihr Fantasie aageregt, des kammärr so allää nit schdehe losse: Des waren pädagogisch wertvolle Maßnahme! Les es selwärr, wärrschd begeischdert soi.

54

Erscheint in Kürze im Buchhandel,
in den Online-Buchshops
(z. B. libri.de, amazon.de,
Schweizer Buchzentrum sbz.ch)
und natürlich im BoD-Online-
Buchshop!
Verlag: Books on Demand GmbH

Lausbärchen Hiob wird bärwachsen! Der angehende Fach-Teddyziner und Professbär der Gynbärkologie ist bis übär beide Plüschohren verknallt und avanciert zum Honeymoonbear. Nachdem er bäreits als Säugebärchen theoretische Bubu-Erfahrungen gesammelt hat, macht ihn nunmehr die praktische Umsetzung zum stolzen Teddy-Daddy von acht Lausbärchen, die natürlich alles wissen wollen übär die Bärotik der Teddys.
Das zweite Bärchen-Märchen für Bärwachsene im Bubu-fähigen Alter. Vom Teddybären, der brummgewaltig und eindrucksvoll aus dem Nähkästchen plaudert. Und der noch immer den Traum vom Kaiserbärchen-Dasein spinnt. In bärfekter Teddyischer Brummsprache! Darf nicht in die Tatzen von Windelbrummern und *Pämbärs*-Rockern gelangen. Tatzen weg, ihr Pubärtäter!